PAGE 1 — AT ONOMATOPEE

ONOMATOPEE 71:
RESEARCH PROJECT

THE VOICE OF...

GROEPSEXPOSITIE

PAGE 2 — EXHIBITION VIEW

PAGE 7 — AT ONOMATOPEE

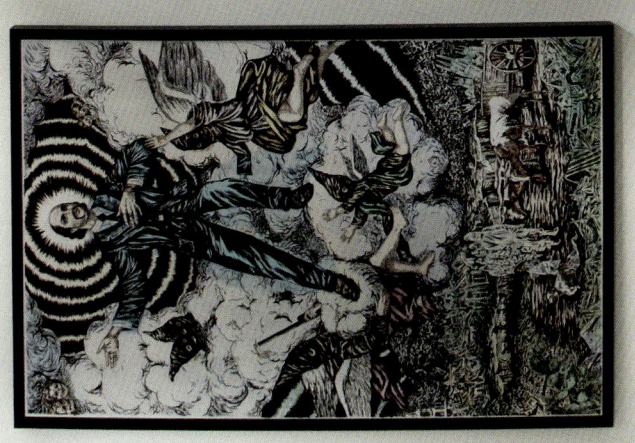

PAGE 8 — EXHIBITION VIEW

PAGE 13 — AT ONOMATOPEE

Het drama's het regime, die individueel hun met de werkelijkheid. Een zowel in de diepte kristalliseren en die verkelijking en die zovel in de eigen ervaring en die ervaring die in de Het is deze ervaring kristalliseren

voedt. De vraag verplaatst zich naar de inhoud van die ervaring, die je kunt samenvatten door te spreken van een VOORTGAANDE OPSTAPELING VAN DOORSTANE VERNEDERINGEN.

WOEDE

PAGE 14 — EXHIBITION VIEW

PAGE 16 — EXHIBITION VIEW

PAGE 17 — AT ONOMATOPEE

PECADOR / INK ON PAPER / 85 CM × 132 CM / 2011

MIGUEL POLICIA / INK ON PAPER / 85 CM × 132 CM / 2011

LLEGO LA MUERTE / INK ON PAPER / 150 CM × 123.5 CM / 2010
BONITO INFIERNO / INK ON PAPER / 150 CM × 123.5 CM / 2010

PIZZA RIDER / INK ON PAPER / 98 CM × 130 CM / 2009

CONQUISTA ESPACIAL / INK, COLOR PENCILS, TRANSFER AND PIGMENTS ON PAPER / 123.5 × 123.5 CM / 2010
DISPLACEMENT / INK, WATERCOLOR, ACRYLIC PAINT, PAPER, CARDBOARD, OBJECT / VARIABLE DIMENSIONS / 2011

BAYROL JIMENEZ (MEX)
Great, grotesque or governable?

Founded on a background of classical penmanship, Jimenez produces culturally critical frescos which raise questions about our times. They are convincing images that allude to conviction. Bayrol Jimenez is a man of pathos – a man who excels in the rendering of emotions by connecting symbolism to the grandiose. This grandiosity navigates between a depiction of the grotesque exercise of power and an image that sweeps the viewer along, captivating them. As the creator, Jimenez plays on an image which moves with precision between a socially critical attitude and an accessible social narrative – his work poses the question – who steers and stirs up our convictions – those in power, we ourselves or... maybe even the maker of the images...?

BAYROL JIMENEZ (MEX)
Groots, grotesk of behapbaar?

Gedragen door een klassieke hand realiseert Jimenez cultuurkritische fresco's die deze tijd ondervragen. Het zijn overtuigde beelden die zinspelen op overtuiging. Bayrol Jimenez is een man van pathos: een man die emoties overtreffend neerzet door symboliek te koppelen aan het grootse. Dit grootse laveert tussen een afbeelding van groteske machtswellust en een beeld wat de kijker meesleept en vervoering. Als auteur bespeelt Jimenez een beeld wat zich exact tussen een kritische maatschappijhouding en een toegankelijk maatschappelijk relaas beweegt; zijn werk stelt de vraag wie onze overtuigingen opstuwt en aanstuurt: de machthebbers, wijzelf of....
misschien wel de maker van de beelden.

Don't take these for granted.

HELP SPREAD AWARENESS OF COUNTRIES WHERE FREEDOM OF EXPRESSION IS STILL A DREAM.

PAGE 25 — BY CANDY CHANG

SPEAK OUT FOR THOSE ~~WHO CAN'T~~

HELP SPREAD AWARENESS OF COUNTRIES WHERE FREEDOM OF EXPRESSION IS STILL A DREAM.

PAGE 26 — VISUAL EXPERTS ON VOICE

PAGE 27 — BY CANDY CHANG

BEFORE I DIE, NEW ORLEANS / 2011

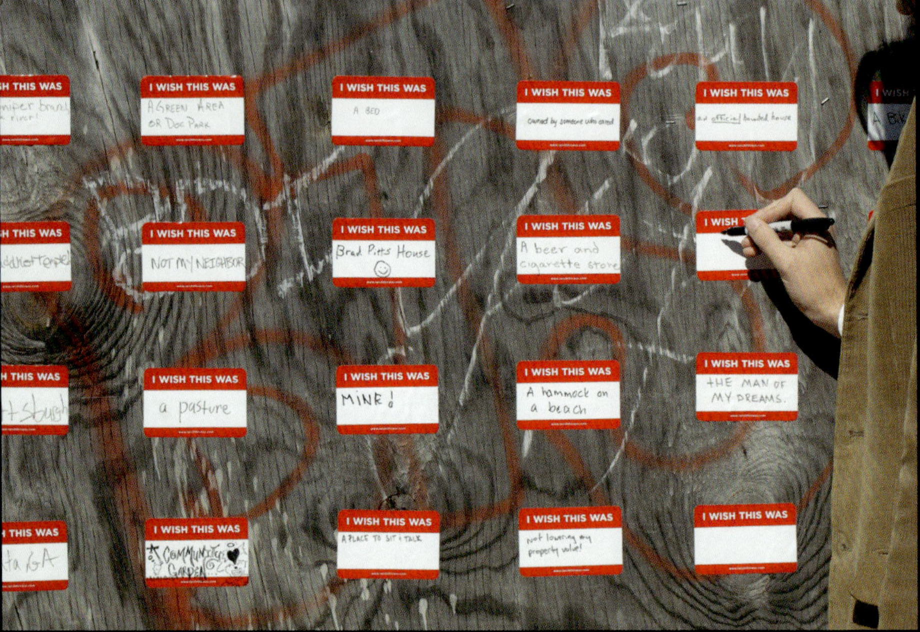

PAGE 28 — DESIGNING VOICE

CANDY CHANG (US)
Comfort offers vitality!

Is design about people or is design for people? Is art a critical instrument or an abstract spokesperson? As she herself puts it, "Candy Chang likes to make cities more comfortable for people". 'Comfort' is often understood as design concerned with people, in order to win them over—and 'Comfort' is often seen as a superficial pursuit, unworthy of art. Chang couldn't care less and rightly so—actually she designs for people as a critical instrument. In the midst of the public domain, Chang executes congenial and hospitable work that invites people to express their voice in a public space, to become part of that public space.

CANDY CHANG (US)
Comfort biedt vitaliteit!

Gaat ontwerp over mensen of is ontwerp voor mensen? Is kunst een kritisch instrument of een abstracte spreekbuis? Zoals ze zelf stelt: "Candy Chang vind het fijn om steden, voor mensen, meer comfortabel te maken". 'Comfort': vaak begrepen als ontwerp over mensen; om ze in te pakken en 'Comfort': vaak beschouwd als oppervlakkig streven, kunst onwaardig. Chang heeft hier met recht lak aan: effectief ontwerpt ze voor mensen, een kritisch instrument. Midden in de publieke ruimte realiseert Chang sympathiek en gastvrij werk wat mensen vraagt om hun stem uit te drukken in de publieke ruimte, om deel te worden van de publieke ruimte.

SERIES 'PEINTURES SOCIO-ÉCONOMICO-POLITIQUES 1' / FIRST OF THREE MURALS IN ACRYL / VARIOUS DIMENSIONS / 2008

SERIES 'PEINTURES SOCIO-ÉCONOMICO-POLITIQUES 1' / THIRD OF THREE MURALS IN ACRYL / VARIOUS DIMENSIONS / 2008

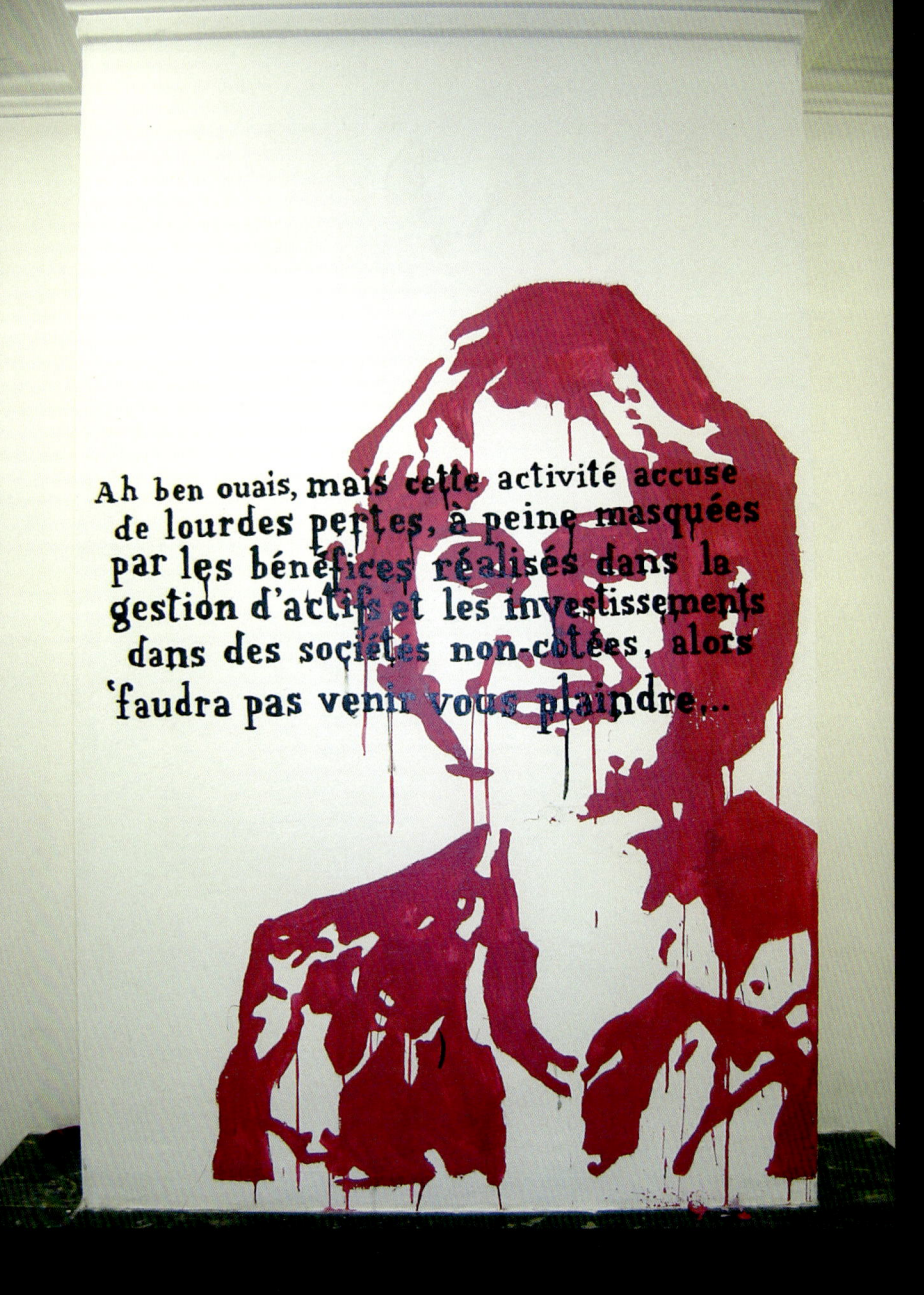

REBEL POSTERS 2, #1 / PART OF 10 DRAWINGS / INK AND ACRYLIC ON PAPER / 100 × 70 CM / 2005 /
"POLITICAL DECISIONS ARE STRONGLY AFFECTED BY LOBBYING, BY MEDIA INVESTMENT,
AND BY THE PURCHASE OF THE INFLUENCE OF MULTINATIONAL COMPANIES."

REBEL POSTERS 1, #4 / PART OF 10 DRAWINGS / INK AND ACRYLIC ON PAPER / 100 × 70 CM / 2004 / "AS SOON AS THOUGHT IS PUT INSIDE THE SYSTEM, ANY ATTEMPT AT REVOLUTIONARY OR SUBVERSIVE THINKING IS BOUND TO FAIL, IN THE NAME OF GLOBAL ECONOMY."

CEDRIC GENEY (FR)

Beyond stereotypical role-patterns and expectations!
Every image in public space has to relate to stereotypes concerning identity roles and expectations about behavioural patterns. Resistance towards this image can be strongly symbolised in a line drawing of a figure with a scarf around their head, threatening to throw a stone. This image could very well be excluded from the intifada's image bank, and yet it is universally understood. The face of resistance might be more common and communicative as expected, just as the word 'intifada' simply means 'uprising' in English... Precisely now when alternative noises are being repressed and guerrilla marketing has become a commercial conception, an 'antifada' movement must come into being—one that will be concerned with the visual aspects of their politics. Geney's cutting-edge portraits which reflect the zeal of the marginal, and his printed slogans, make a tangible field of tension between the complexity of a slogan and the impulsivness of an action. He takes action and intention and momentarily freezes them. His work asks where stereotypical role patterns and behvoural expectations can meet one another.

CEDRIC GENEY (FR)

Voorbij stereotype rol- en verwachtingspatronen!
Elk beeld in de publieke ruimte moet zich verhouden tot stereotypen van identiteit en verwachtingspatronen van gedrag. Verzet richting dit beeld laat zich bijvoorbeeld sterk symboliseren in een lijntekening van een figuur die een steen dreigt te gooien met een shawl om zijn hoofd. Zo'n beeld zou zo gestolen kunnen zijn uit de beeldbank van intifada. toch het universeel herkenbaar. Het voorkomen van verzet is misschien wel meer gangbaar en herkenbaar dan we denken, zoals het woord 'intifada' in gewoon 'opstand' betekent... Juist nu alternatieve geluiden worden weggedrongen en guerrilla marketing een commercieel begrip is geworden, moet er een 'antifada' beweging ontstaan, die zich gaat bezinnen op de visuele aspecten van hun politiek. Geney's scherpe portretten, die de begeestering van het marginale weergeven, en uitgeschreven slogans, maken een spanning voelbaar tussen complexiteit van slogan en impulsiviteit van actie. Hij brengt de actie en de intentie tot verstilling. Zijn werk stelt de vraag waar het stereotype rolpatroon en het verwachtingspatroon van gedrag elkaar kunnen vinden.

PAGE 38 — VISUAL EXPERTS ON VOICE

dan vecht mijn land
mijn vlak land

SINEM / INK DRAWING / 25 × 18 CM / 2008
JACQUES BREL TURK / INK DRAWING / 25 × 18 CM / 2008

FRANK PEETERS (NL)
The expansive and explosive vocabulary of the figurative!
'Figurative work'—what makes that so interesting? It shows figures that enter into direct confrontation with reality—outside of the picture. It can jest or joke like in a cartoon, can alienate like a surrealist work, can have the visual power of an empirically realistic painterly technique (hyper-realism) or of computer-technical pimping, and so on. Frank Peeters plays with the possibilities of figuration—sketches elements from real life, makes connections and suggests other connections in order to hold a mirror up to them.

FRANK PEETERS (NL)
Het expansieve en explosieve vocabulaire van het figuurlijke!
'Figuratief werk': wat maakt dat zo interessant? Het toont figuren die direct de strijd aangaan met de werkelijkheid; het beeld af. Ze kan schertsen of spotten als in cartoons, kan vervreemden als in surrealistisch werk, ze kan de visuele kracht van een empirische werkelijkheid schildertechnisch (hyperrealisme) of computertechnisch pimpen en zo meer. Frank Peeters speelt met de mogelijkheden van figuratie; schets elementen uit de werkelijkheid, legt verbanden en suggereert verbanden om die werkelijkheid een spiegel voor te zetten.

Plan of Action

DEMOLISH the GLOBALIZATION of ART

REJECT the market, which exerts the universal tendency to monopoly (which is why it needs to be constantly monitored and regulated by the capitalist authorities themselves, just to remain a market at all!)

DEMOLISH the centralizing uniformity of the market-led global art spectacles! The biennial is nothing but a PR campaign for art's global supermarket!

DEMOLISH placemaking! ART has become the currency through which cities compete in an international market for business and tourism.

DEMOLISH the TITANIC INSTITUTIONS that MONITOR and MEDIATE the FLOW of ART AROUND the WORLD!

DEMOLISH the global system of ART FAIRS that guarantees the ever increasing share of wealth is siphoned back to THE RICHEST TERRITORIES and their obnoxious ENTREPRENEURS, the new global collectors.

DEMOLISH THE EMPIRE'S ART MACHINE and its insatiable appetite for new markets, new resources and new investment opportunities.

DEMOLISH THE BIENNIAL'S narrow vision of the artworld unified in a single global marketplace that includes all the new territories!

DEMOLISH postcolonial art's LOCALISM and NATIONALism along with the supranational institutions — THE IMF, THE WTO and THE WORLD BANK — that have turned the nation-state into a lap dog!

DEMOLISH the NEW GLOBALIZED ART SCHOOLS that reach out to the PERIPHERIES of the artworld in order to CHARGE EXTORTIONATE FEES! (Yet another example of how PROFITABLE postcolonialism can be for the old Imperial powers.)

DEMOLISH the PANELS and BOARDS that set the tokenistic postcolonial agendas for every managed global encounter in the art machine! **DEMOLISH** the panoply of managers that keep back the DRASTIC WINDS of alterglobal monstrosity!

DEMOLISH a global art system that NEEDS SO MUCH VAST MACHINERY TO PRODUCE its ethical encounters with the Other!

DEMOLISH THE CURATORIAL MONOPOLY on art's organization and management. And spit on every

HYBRID-LOVING ÆSTHETE
WILD NATURE TOURIST
CAREERIST POLICE DOG
IGNORANT EXPERT
OPPORTUNIST CYNIC
IRONIC SELF-PUBLICIST
CONCEPTUAL CHORUS GIRL
ARSE LICKING TREND SETTER

DEMOLISH the flabby Tate that can manufacture no savagery, but can only drop facts on us in a drizzle like a TV series by The History Channel.

DEMOLISH the lazy critics that cannot stiffen the back of art's CELEBRITIES, or stop the torrent of STEEL oozing along the DISUSED CANAL system.

But before 1989 we saw distinctly both the organized resistance to the possible and the strenuous demand for the impossible here.

May some vulgarly inventive, but unflinching horde, arise, and shock the world with its harsh BLIZZARDS.

LET US UNCORK HISTORY WITH A HATFUL OF HOMEMADE FIREWORK DISPLAYS.

PAGE 43 — BY FREE

WE CALL ON ALL MILITANT ARTISTS TO ORGANIZE THEMSELVES WITHOUT THE HELP OF OUR LITTLE MANAGERIAL CHEMIST THE CURATOR!

COME ON! LET'S **DEMOLISH** THE ART FAIRS!

who cares what the collectors want?!!

DEALERS **ARE** SHOPKEEPERS!
COLLECTING **IS** BLACKMAIL!
AUCTION HOUSES **ARE** SECOND HAND CAR DEALERS!
THE ART FAIR **IS** A MECHANISM FOR STEERING PRACTICE AND FIXING PRICES!

THE ART FAIR **WANTS** THE MARKET (AND ITS MILLIONAIRE COLLECTORS) TO DECIDE WHAT ART **WE** HAVE.

GLOBAL PAROCHIALISM. Complacent, wealthy art lovers, so much respect for art and money.—Oh!—Art is wonderful; but all luxuries are!

DEMOLISH

COMMODITIES (Art, Taste, Social Critique)
- Promotion (Criticism, Catalogues, Press Releases)
- Value (Beauty, Craft, Skill)
- Aesthetics (Feeling, Subjectivity, Privacy)
- Spectacle (Monumentalism, Universalism, Access)
- Stupidity (Journalism, Otherworldliness, Tourism)
- Economy maniacs (Opportunists, Bullies, Morons)

DEMOLISH COPYRIGHT. Clap-trap Heaven of legal leaches and legislative professors. Ubiquitous lines of silly little words that bind, apportion and monopolize.

Mal mots de Triomphe.

Investment opportunies lead to endless prettiness.

Art appreciation as a branch of property development.

Art as the spiritual supplement of business.

We don't judge a society by the way it loves and promotes beauty but by the way it loves and promotes monstrosity, savagery and philistinism.

[**ENOUGH!**]

THE EMPIRE OF EXPLOITATION will fall and the impoverished multitude will replace it with new forms of encounter and exchange that have nothing at all to do with money, commodities, wealth and profit.

[**ENOUGH!**]

THE EMPIRE OF THE BIENNIAL SPECTACLE will collapse and the unmanageable multitude of artists will replace it with new forms of encounter and exchange that have nothing at all to do with postcolonial, identity, nationhood and new markets.

[**ENOUGH!**]

SHALL WE DEMOLISH EVERY LAST TRACE OF FINANCIAL INTIMIDATION, COLONIAL UNIVERSALISM AND CULTURAL CENTRALIZATION THAT GLOBALIZATION INFLICTS ON THE WORLD OF ART AND CULTURE? ABSO*fucking*LUTELY!

**BUSINESS
LEISURE
CELEBRITY
TOURISM
MERCHANDIZING
BRANDING
PACKAGING
PROMOTION**

ARE ALL WORTHLESS SHIT!

They are all symptoms of failed social relations that require disinformation, deceit and seduction just to keep going.

It is time to GET RID of MANAGERIALISM and the SNOBBERY of bureaucrats in the organization of art (disease of Taylorist economics and the mutual degradation and hierarchy that it requires in art as much as industry)

DEMOLISH the FEAR OF RIDICULE
(and the institutionalized conformity to a narrow definition of quality that promotes it)

DEMOLISH the reign of

CALCULATION
SIGNATURE STYLES
SUPPLY AND DEMAND

Put an end to this damaged and damaging RULE OF MARKET FORCES (properly understood as forcing the will of those with buying power on the rest of us)

(we know that every force has an equal and opposite counter force AND WE ARE THE COUNTER FORCE: THE DREGS OF HUMANITY ARE ON THE MARCH!)

FUCK GLOBALIZATION! AND FUCK ALL OF ITS OFFICERS AND AGENTS:

THE ARTIST
THE PROFESSIONAL
THE GOOD WORKER
THE CURATOR
THE COLLECTOR
AND MANAGERS OF ALL TYPES,
including the humanist ones, the postcolonial ones, the democratic ones and the sensitive ones.

ABANDON THE AMATEUR ANTHROPOLOGIST and the ART-PIMP. CRUSH the popular JOURNALIST and the CONSERVATIVE PHILOSOPHER OF BEAUTY; REJECT the SYCHOPHANTIC TV PRESENTER and the CUTTING EDGE ENTREPRENEUR!!!!

HECKLE AESTHETES
Quack ACADEMIC drug for stupidity and sleepiness. Arch enemy of the multitude, conventionalizing like shock and awe, freezing supply and demand in universalizing theory. LET'S ENVELOP THESE BASTARDS in the ferocious chemistry of savage, unflinching laughter.

—5—

DISOWN CELEBRITY
PROFIT'S FIRST COUSIN AND SPOUSE.

We insist that accomplishment and popularity do not have to be commodified, packaged and mass produced in the form of celebrity.

It is impossible to have CELEBRITY without the centralizing and monopolizing FORCE of the misnamed FREE MARKET in which everything, including personality itself, is commodified, industrialized and trademarked for the sole purpose of exploiting profit from ownership. Well, not for long! Do not read our hatred of celebrity, commodification and managerialism on a global scale and in any way connected to the old conservative tenderness for art's isolated autonomy. NO WAY! We do not want to protect art from the world. We understand art as utterly bound up with the world, sharing in it's guilt and scarred by it's divisions. We want to change them both. And, as artists, we want to change the world twice: once, because it is wrong and ~~twice, because of what it does to art!~~

FUCK those who will read this manifesto with JADED EYES in luxurious settings.

FUCK the years 1989 to 2010. Two decades of neo-liberal and neo-conservative advance. the abysmal inexcusable middle-class
(who have sold their political liberty for a portion of the capitalist's profits).

FUCK pasty shadows cast by gigantic academic reputations (criticism of everything except the global system that hands them their Kong's ransom). WRING THE NECK OF all careerist bookish theorists of the end of history born in that progressive white wake.

FUCK their weeping whingeing—authentic RHETORIC of APOLOGIST and SERVANT of the right. ~~SENTIMENTAL HYGIENICS~~

Demolish DELEUZEANISMS (wild subjectivity cranks) FRATERNIZING WITH NOMAD MUSHROOMS—raptures and roses of erotic bookshelves, culminating in a PURGATORY OF PAINT.

—6—

CALL TIME ON THE PREDICTABLE OUTCOME OF MARKET FORCES

money begets money
the rich get richer
the poor get poorer

THE ART MARKET is a racket that circulates money and luxuries among the wealthiest people in the world for whom wealth is SIMPLY not ENOUGH! money can't buy taste, they say wealth is vulgar compared to art, say the art collectors, all you need is the love of art, they insist. And we remind them: it is easier for a camel to pass through the eye of a fucking needle, than it is for a millionaire to survive the coming to power of the multitude.

WATCH OUT

all those today who have taken on that rotten orrery of the art machine, and still crack their whips and stump up the cash, as though the whole world was nothing but a provincial town.

WE WHISPER IN YOUR EAR A GREAT SECRET. THE WORLD IS NOT A PROVINCIAL TOWN (a global village).

We will allow Zoo (out of hope in what it might have been, not what it couldn't resist becoming). But we do not want the GLOOMY FRIEZE-ING CIRCUS in any shape or form.
IT IS CAPITAL'S CIRCUS! It is NOT MEANT FOR ARTISTS OR EVEN CURATORS! Money loves the Sixties (Pop, of course, but Minimalism and Conceptualism too)

CLEVER CLOWNS,
IDEAS BOYS GOING BACK TO PAINTING,
TROUPS OF PERFORMING RETAILERS

(who complain that sales don't pay for a three storey house in Hoxton).

MAKE **NO** EXCEPTION (and no excuses) **FOR**

old age pensioners who were radical in their twenties, priestly practitioners who are more radical than their peers, (like newsreaders who bully politicians) (like rock stars who want to look after the world)

the bleeding Stuckists,   honesty,
business as usual,   vulnerability,
success,   trying,
necessity,   stupidity,
they did one good piece,   skill (craft, time, nostalgia),
beauty,   single-mindedness.

LET'S BUILD SOMETHING!
LET'S BUILD new oceans that deserve our SHIPS!
LET'S BUILD Blue, Green and
Red SEAS all around the PORCELAIN CREAM sky,
with crushed ice clouds.

LET'S BUILD THE IMPOSSIBLE.
THE IMPOSSIBLE is the only thing worth building! **LET'S BUILD** another world, but one that looks FOOLISH today SIMPLY BECAUSE IT IS NOT POSSIBLE, not FEASIBLE, against SENSE, NOT ON THE CARDS.

LET'S BUILD the vast planetary abstraction of the SOCIAL.
LET'S BUILD UP THE ARABS OF THE AMERICAS.

EVERY ISLAND MUST BE BREACHED WITH THE SAVAGE WAVES.
BUILD OPEN PORTS EVERYWHERE.

PORTS have to be transformed from points of control for the circulation of people and goods into RESTLESS MACHINES of encounter

instability   storms
care   coffee houses
hospitality   wifi
perseverance   heavy chaos of contingency
not giving up   steep walls of handbills
multiplication   town made of publishing

BUILD the MACHINES that work the little words across clean liquid space, in beelines
BUILD the great PORTS of words, images and acts

MAGAZINE   **MARCH**
POSTER   **SPEECH**
PAMPHLET   **RALLY**
POSTCARD   **MANIfuckingFESTO**
BADGE

LET'S **BUILD** A NEW ART,

no longer shaped, steered and driven by money and power but according to the new world built by the multitude and the unmanageable multitude of monstrous artists.

LET'S **BUILD**
- *all the prerequisites of independence*
- *an ever expanding socialized autonomy*
- *the infrastructure of critique*
- *a sustainable dissensus*
- *counter-hegemonic institutions*
- *knowledges based on counter-factual truths*

LET'S **BUILD**

an artworld in the image of the *HAIRDRESSER.*
the hairdresser attacks THE WAY THINGS ARE
the hairdresser ploughs through facts with THE NOT-YET
the hairdresser scours reality with alternatives
the hairdresser makes systematic mercenary war on WHAT IN FACT IS
this is why even the most perfectionist hairdresser is ultimately on the side of WILDNESS.
the hairdresser trims individualistic and indisciplined growths into UNIFIED PLANNED WHOLES and TRUTH BEARING EVENTS.

the hairdresser an artworld in the image of all THE SHOCK TROOPS OF CHANGE (OR SELF-TRANSFORMATION), EXPERTS ARE NOT REQUIRED in the global process of correcting the grotesque anachronisms of our artworld's physique.

LET'S **BUILD** THE ALTERGLOBAL ART MACHINE

The local and the national are not cures for globalization but perfectly designed to submit to it's overarching powers.

The only hope for ALTERGLOBAL ART lies in the self-organized and self-managed ARTISTS in SUPRANATIONAL encounters, institutions and bodies which can genuinely rival the ART FAIRS, BIENNIALS, and all the other forms of art's globalization.

We must be SWIFT, for this solemn break with globalization will be met by all the insiders and beneficiaries with the wisdom of laughter. While they laugh, we will act and organize and plot their miserable downfall.

We must **BUILD** OUR INDEPENDENCE from SCRATCH learning from bitter experience not the rhetoric of critique

WE MUST GROW a billion NEW EYES

that show new vistas with their

SHARED VISION and MAGNIFIED STRENGTH.

BUILD the militant biennial without the CURATOR built round the **ARTIST.**
BUILD the monstrous unmanageable independence of THE MULTITUDE OF ARTISTS.
BUILD the dissensual, alter-universalizing ALTERGLOBAL FORCE
BUILD specific concrete social mini temporary counter-public alterglobal contexts for art, not abstract generic postcolonial gestures.

BUILD NETWORKS of VITALITY

(dozens to the square inch)

BUILD uncommercializeable PRACTICES (above all, organize supranational practices that have no need of managers, biennials and art fairs).

BUILD new supranational cities of OPINION FORMATION (publish! publish! publish!).

BUILD UP COMBATIVENESS in bands of GREAT ANTIHUMAN MILITANTS egging each other on with DEPTHS OF violent ELEGANCE

Pete Seeger said the civil rights movement would need a lot of songs. Let's write the BALLADS of our own PREHISTORIC ALTERGLOBALISM. Songs, by all means, but ballads are needed in every imaginable cultural and political format. We will not reject the rebellious adolescent or the hopeless protest.

HARNESS the GREAT FLOOD OF LIFE pouring out through the holes punched into the world by of the wound of 1989 Also the bitter scream of the credit crunch. If we build on real, specific, concrete struggles we will have STAYING POWER, like a cat.

~~DEMOLISH~~
~~BUILD~~
~~DEMOLISH~~

BUILD

~~DEMOLISH~~
~~BUILD~~
~~DEMOLISH~~

BUILD

PAGE 48 — VISUAL EXPERTS ON VOICE

USELESS ACTION #7

USELESS ACTION #3

HARMEN DE HOOP (NL)

Is Harmen de Hoop's work of interest for this exhibition?
'Why not!' would be an understatement.

If we're honest, we can admit that we are amateurs more often than professionals. We are denied entry, plod along, muddle about on the margins. And yet, for the pessimists among us, something tragic and fatalistic is starting to creep in. That is because, as amateurs, what can we complain about? We can't change anything, we just get left behind with our junk. If that's what you think then, indeed, you might just as well go home and slump on the couch. But you could also go and have fun muddling about in the neighbourhood—see if you can manage to manipulate the rules and tricks of the professionals into some kind of marginal position for yourself. Maybe you'll be spotted, maybe they'll have decent coffee, maybe it'll be a pleasant get-together, maybe they'll even think you're interesting!

HARMEN DE HOOP (NL)

Is het werk van Harmen de Hoop interessant voor deze expositie?
'Waarom niet!' zou een understatement zijn.

Als we eerlijk zijn, zijn we meestal amateurs en zelden professionals. We hebben geen toegang, klungelen wat aan, rommelen wat in de marge. Als we eerlijk zijn, doen we dat met zelfrespect. Als we genoeg kracht hebben, doen we dat zelfbewust. Toch kruipt hier, voor de pessimisten onder ons, iets tragisch en fatalistisch door. Want: als amateurs hebben we toch weinig te mekkeren, kunnen we toch niets veranderen, blijven we alleen met rommel achter. Als je dat vind, mag je inderdaad thuis op de bank gaan zitten. Je kan ook met plezier wat gaan rommelen in de buurt; kijken of je met de regels en maniertjes van al die professionals wat marginale posities kan bespelen. Misschien wordt je gezien, misschien hebben ze wel goede koffie, misschien is het wel een prettig samenzijn, misschien vinden ze je zelfs wel interessant!

NYC, SOUS LE TÉLÉPHÉRIQUE / ACRYLIC ON WOOD / 90 × 107 CM / 2007
NYC, SUBWAY PEOPLE / ACRYLIC ON WOOD / 54 × 65 CM / 2007

NYC, QUEENSBORO PLAZA / ACRYLIC ON WOOD / 60 × 73 CM / 2008
AU ROI DU COUSCOUS / ACRYLIC ON WOOD / 100 × 109 CM / 2007

SÉNÉGAL, SAINT-LOUIS, JEUNES FORGERONS / ACRYLIC ON WOOD / 97 × 130 CM / 2008
SÉNÉGAL, ROSSO, PETIT MENDIANT / ACRYLIC ON WOOD / 62,5 × 61 CM / 2007

JULIEN BENEYTON (FR)
Life's scene!

Juliën paints people—people on the street. He talks with them about their lives and makes portraits of them by listening to their wishes, attempting to observe their essence and putting that down in an image. Often these people are living on the edge—people full of character. They are people whose lives progress along with the fortunes of their surroundings, with the freedom which they find on the street, detached from the bargains that politics and advertising fling at them. In his landvscapes, which he rightly refers to as 'life scenes', one can discern these politics and advertising in the background, whilst in the foreground one can observe the character of the individual—inscribed on their face, conveyed in their posture, in the things they carry with them. Beneyton shows everything which touches, or gets under the skin of a person.

JULIEN BENEYTON (FR)
Life's scene!

Juliën schildert mensen. Mensen op straat. Hij praat met hen over hun leven en portretteert hen door te luisteren naar hun wensen, te pogen hun wezen te bekijken en dat vast te leggen in beeld. Vaak zijn dit personen aan de maatschappelijke onderkant; vol van karakter. Mensen die leven met de kansen van hun omgeving, met de vrijheden die zij op straat leven, los van de aanbiedingen die politiek en reclame hen doen. In zijn landschappelijk werk, wat hij terecht 'life scenes' noemt, zien we de aanbiedingen van politiek en reclame op de achtergrond terwijl we het karakter van het individu op de voorgrond zien: gegrift in gezicht, vertaald in kleding, uitgedrukt in lichaamshouding, in spullen die ze met zich meedragen. Beneyton toont alles wat dicht op de huid of in de huid van de mens zit.

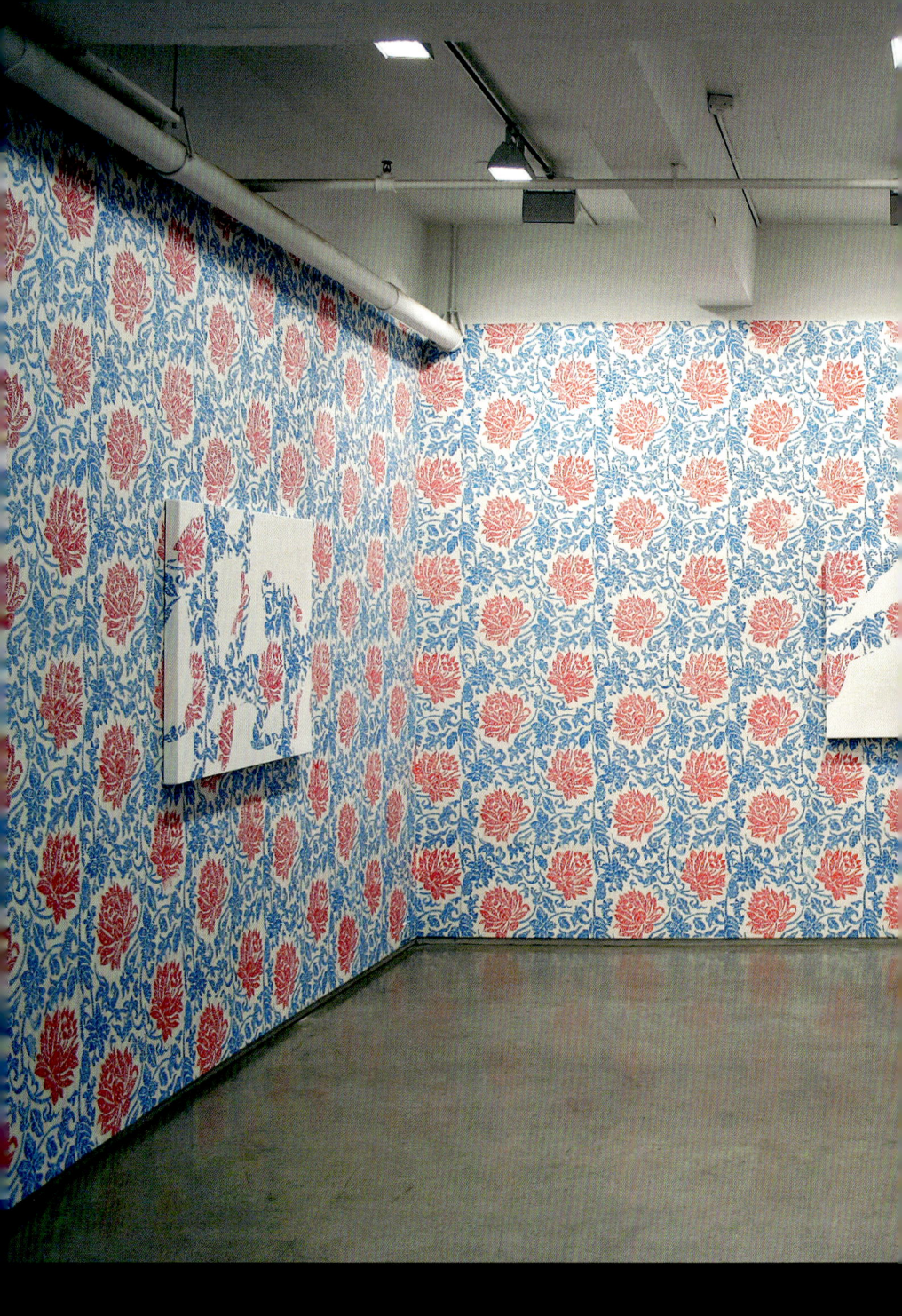

PRETTY $HIT – PI$$ PRETTY / MUSEUM OF CONTEMPORARY ART, SHANGHAI / 2008

PAGE 63 — BY KIN-WAH TSANG

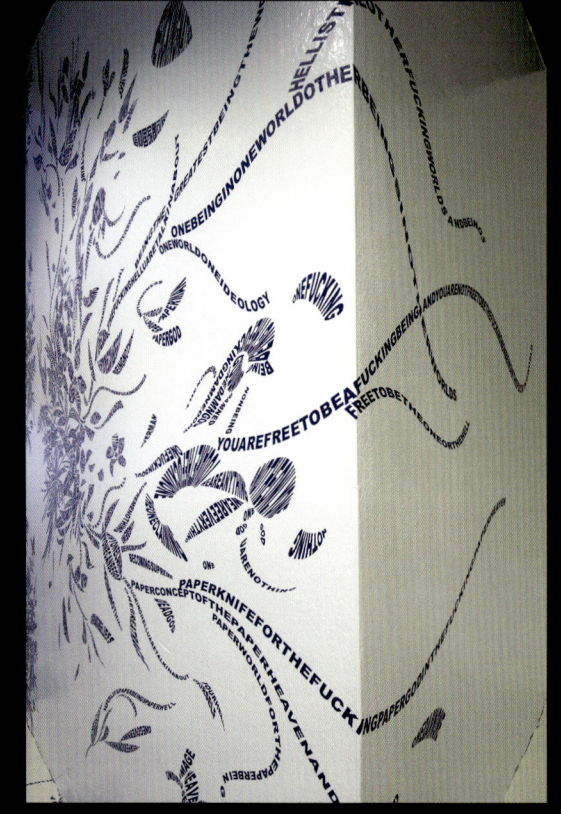

LET US BUILD AND LAUNCH A BLUE ROCKET TO HIS HEAVEN / LA SUCRIERE, LYON / 2009

KIN-WAH TSANG (HK)

Who bothers to read the list of ingredients in products, or is aware of their origins? **Gorgeous displays of lifeless façades. What does Dutch look like? How does Chinese food taste? What's the reality behind the façade we're being shown? Now that the world is undergoing a cultural implosion and the property rights of menus and taste-profiles are being auctioned off to the highest bidder, it's sometimes hard to see, taste or smell, authentically. Which words operate as concepts that bring us to consciousness? Façade and interpretation are like product and wrapping. Kin-Wah Tsang's product is a space, a façade which he articulates by wrapping it in chains of interpretations. This wrapping is actually one of denial—it sheds doubt on what is displayed. What seem to be characteristic Chinese patterns— extremely pleasant to experience and incredible to see—appear, upon reading the texts, to be personal expressions of projection, doubt and tension. The language on the packaging tilts the totality into doubt.**

KIN-WAH TSANG (HK)

Wie leest welke ingrediënten er in het product zitten en wie is zich bewust van de oorsprong hiervan? **Zalige vertoningen van ontzielde façades. Wat ziet er uit als Nederlands? Hoe smaakt Chinees eten? Wat is de werkelijkheid onder de vertoonde façade? Nu de wereld cultureel implodeert en patenten op menukaarten en smaakprofielen aan de hoogste bieder worden verkocht, is het soms lastig om authentiek te kijken, te proeven of te ruiken. Welke woorden dienen als begrippen die ons tot verstand brengen? Façade en duiding zijn als product en verpakking. Kin-Wah Tsang's product is een ruimte, een façade hij duidt door ze te verpakken in ketens van begrippen. Deze verpakking is echter ontkennend; stelt de façade in twijfel. Wat aandoet als typisch Chinese patronen; erg prettig te ervaren en fantastisch om te zien, blijken na het lezen van de teksten persoonlijke uitdrukkingen van projectie, twijfel en spanning. De taal op de verpakking trekt het totaalbeeld in twijfel.**

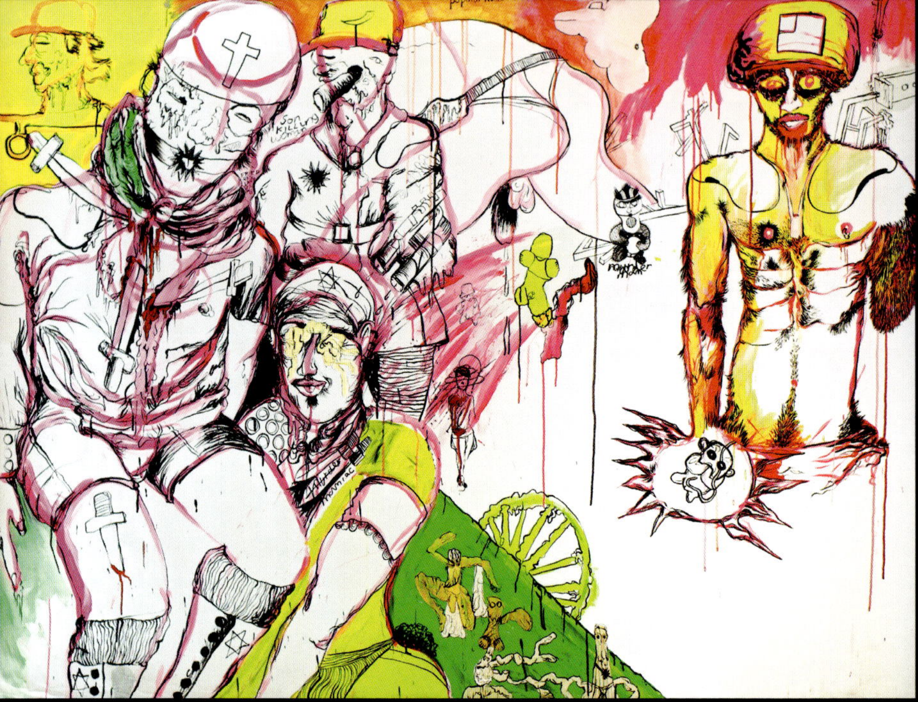

PAGE 66 — VISUAL EXPERTS ON VOICE

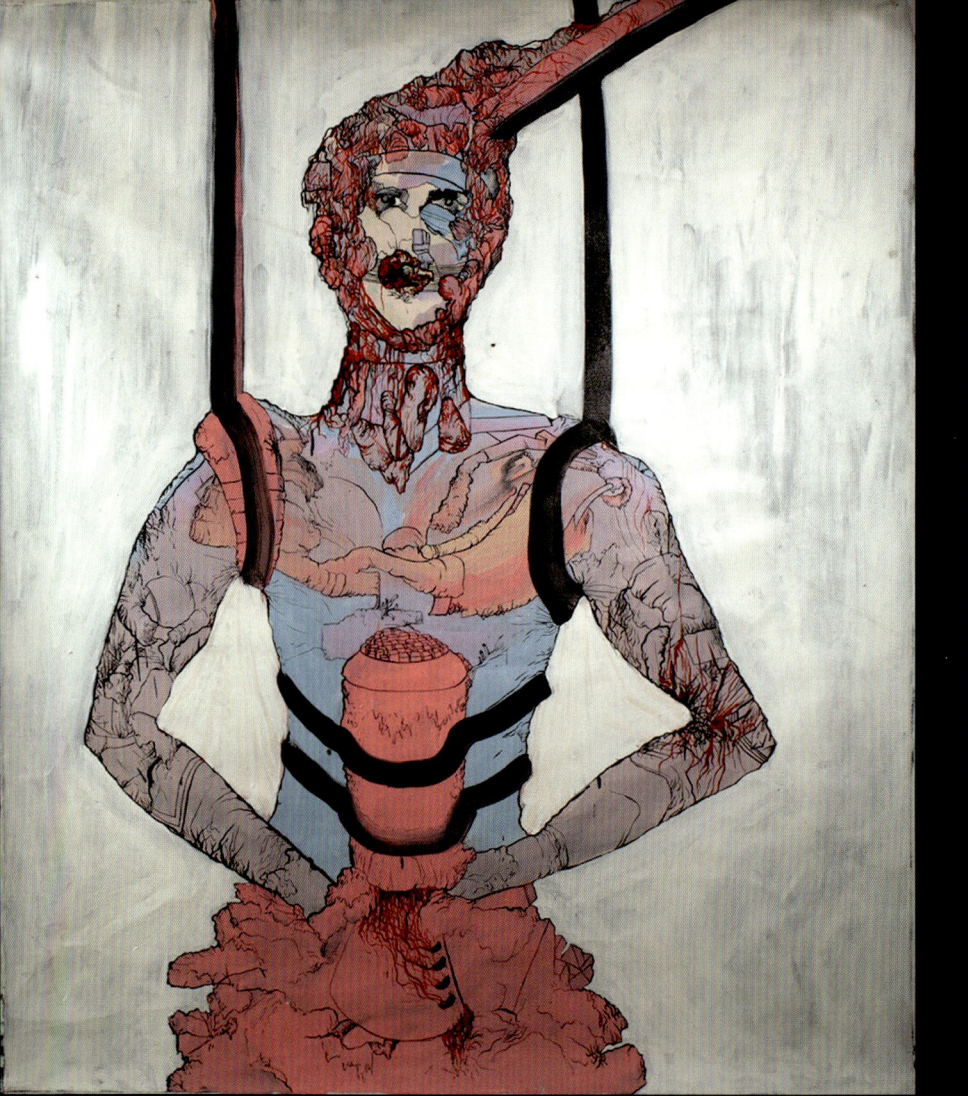

PAGE 68 — VISUAL EXPERTS ON VOICE

PAGE 69 — BY RACHID BEN ALI

RACHID BEN ALI (NL)
An offering of engaged confusion!
Is it permissible to use force to ensure justice? When does good become repressive and bad become expressive? When are we allowed to be steered by the flesh and when should we tame our intellect? In both the socio-ethical political discussions as well as the personal moral contradictions we encounter on the street, we have to deal with contrasts. We tumble over one another, hear one another, smell one another and sometimes taste one another— often without looking at one another or really speaking to one another. With an excess of energy, Ben Ali confronts his audience with the strains of life today. He throws his well-intentioned arm around our comfort zone, expressively and physically. At last someone who actually gives their body?

RACHID BEN ALI (NL)
Een gift van betrokken verwarring!
Mogen we met geweld het juiste afdwingen? Wanneer wordt het goede repressief en het slechte excessief? Wanneer mag het vlees ons verleiden en wanneer moeten we ons mentaal temmen? Zowel in de sociaal ethische politieke discussies als in de persoonlijke morele contrasten op straat moeten we omgaan met contrasten. We tuimelen over elkaar, horen elkaar, ruiken elkaar en proeven soms aan elkaar; vaak zonder elkaar aan te kijken of elkaar werkelijk te spreken. Met veel energie confronteert Ben Ali zijn publiek met de spanningen van vandaag. Expressief en lichamelijk slaat hij zijn goedbedoelde arm om onze comfort zone. Eindelijk iemand die zijn lichaam geeft?

ONOMATOPEE 71—RESEARCH PROJECT

PUBLIC OPINION-FORMING AS CITIZENSHIP?

the voice of...

THE WORD IS THE INDIVIDUAL'S!

INTRODUCTION

THE VOICE OF... gives the individual cultural access to the arena of public communications which forms our cultural understanding, via imagination and design. Communication in public space, such as billboards with commercial sales pitches or so-called 'public' information produced by the government, gives rise to the face of our culture—they form the understanding of culture that we, as individuals, morally and socially live up to. But can the citizen take part in the conversation? Where is the individual in relation to this one-sided communication? In **THE VOICE OF...** citizens and alternative communicators join forces to give individual voices a role on the public stage!

First of all **THE VOICE OF...** features a show of experts: artists who design the individual position within public space. These pamphleteering works by communicators who, using layered perspectives, extort an explicit understanding by and for the citizen, in word and image. On the other side, it challenged citizens, supported by progressive graphic designers, to express their opinions on posters. By these means they lay a claim to public space as the terrain of individual cultural production. Onomatopee hang these posters alongside arterial roads and in the city—irrespective of the content! Last of all, this project features texts to encourage further thought and movements. The emancipator possibilities of design will be activated in this playful process as they call out to take on responsibilities.

In sum, this endeavour tries to stimulate both a richer experience of our private identity within as our relation with the dynamics of identity within public space. It claims the authority of specialist communicators and triggers the perception of their stances and the awareness on the meaning of their technical capacities. As such and as ever, Onomatopee tries to stimulate visual emancipation in a visual culture and participation within a highly designed public sphere. **THE VOICE OF...** allows all those who engage with this project to experience the challenges of this communication's technical qualities and cultural prophecy's.

THE WORLD IS OURS!

FREEK LOMME
CURATOR THE VOICE OF...
AND DIRECTOR OF ONOMATOPEE

INTRODUCTIE

THE VOICE OF... geeft het individu culturele toegang tot de publieke communicatie die ons cultuurbegrip vorm geeft, via verbeelding en ontwerp. Communicatie in de openbare ruimte, zoals de billboards met commerciële verkooppraatjes of 'publieke' informatie van de overheid, geeft onze cultuur gezicht; zij vormt het begrip van de cultuur die wij als individuen inkleuren. Maar kan de burger meepraten? Waar staat het individu in deze eenzijdige communicatie? In **THE VOICE OF...** slaan burgers en alternatieve communicators de handen ineen om individuele stemmen een publieke rol te geven!

In de eerste plaats toont **THE VOICE OF...** deskundigen: kunstenaars die de positie van het individu in de openbare ruimte gestalte geven. Hun gelaagde perspectieven in woord en beeld dwingen, als visueel pamflettistische werken, een nader begrip van en voor de burger in de openbare ruimte af. Anderzijds daagt ze burgers uit om, ondersteund door progressief grafisch vormgevers, hun mening op posters uit te drukken waarmee ze de openbare ruimte tot terrein van individuele culturele productie uitroepen. Onomatopee plaatste de posters langs uitvalswegen en in de stad, ongeacht de inhoud! Tot slot wil Onomatopee middels drie toegevoegde teksten nieuwe gedachten en nieuwe bewegingen stimuleren. In dit speelse proces worden de emancipatoire mogelijkheden van vormgeving zichtbaar en met deze acties roept dit project op tot het nemen van verantwoordelijkheid.

Kortom, dit project probeert een rijkere ervaring te stimuleren. Enerzijds van onze eigen identiteit binnen de dynamiek van identiteit in de openbare ruimte, anderzijds van onze relatie met deze dynamiek. Zij claimt de autoriteit van gespecialiseerde communicators en katalyseert de perceptie van hun standpunten en het besef van deze technische capaciteiten betekenen. Als zodanig probeert Onomatopee, zoals altijd, visuele emancipatie in een visuele cultuur te stimuleren en participatie binnen een ontworpen, publieke sfeer te voeden. **THE VOICE OF...** maakt het voor eenieder die zich tot dit project verhoud mogelijk om de culturele uitdagingen en technische mogelijkheden van communicatie te ontplooien.

DE WERELD IS AAN ONS!

FREEK LOMME
CURATOR THE VOICE OF...
EN DIRECTEUR VAN ONOMATOPEE

THE BATTLE FOR COMMON SENSE. LET'S BE HAVING YOU

FREEK LOMME

"The three central concepts of the philosopher Albert Hirschman are *exit, voice* and *loyalty*. In the context of civic involvement, *exit* implies that you stop participating, in your neighbourhood or in the representative advisory body at school, as soon as you are no longer satisfied with the situation. With *voice*, it's precisely about *not* stopping participating, but about seeking out consultation, going to vote or making your criticism on the course of events apparent via various forms of protest. *Loyalty* is a mediating variable which, when discontentment occurs, restrains *exit* and promotes *voice* (Hirschman 1970, p.79). But *loyalty* can equally point to satisfaction with the level of participation and thus not trigger *voice*, or it can be so powerful that citizens who are dissatisfied about the participation dare not activate their *voice*. In the latter case one perseveres in participating, but suffers in silence (Dowding et al. 2000). For a good democratic ratio between politics, government, social services and citizens, all three, *exit, voice* and *loyalty,* are necessary. It is important to provide enough possibilities for *exit*, and to organise *voice*, because, so it would appear, it is difficult for citizens to summon up loyalty."

TONKENS AND VERHOEVEN, BRAVE BURGERS GEZOCHT (RESPONSIBLE CITIZENS WANTED), P. 260

The above quotations are taken from the book <u>Respectable Citizens Wanted</u>, the yearly publication of the <u>Magazine for Social Inquiry</u>, which came out in December 2010. This book connects seamlessly with the motivation for the Onomatopee project 'The Voice of...' on which I began work at the same time as this book was published. I couldn't imagine a better introduction to this project— it grasps precisely what we want to put on the agenda. The drive which I feel, finds substance in their writing. In this text I would like to clarify precisely which aspects we want to pick up on in real life, how 'The voice of...' relates to this societal reality and what it attempts to catalyse.

~~THE~~ PEOPLE

Why is it always THE people who are referred to? Intellectuals say it whenever they have enough arguments to warrant it, politicians say it in order to implement their policies over people, and people say it whenever they want to bring up 'people's' characteristics.

People speak of 'THE people' in gossip. When they gossip with others about THE people, they try to get a grasp on their own position and that of other people. There are a great number of people. That's why gossiping, at any level, is of such importance. It happens.

It is actually gossip, as opposed to a proper exchange of information, on the basis of which we could declare 'things are thus'. But they are not, because things are fickle, are incomplete, are in part forgotten, are emotional, are tainted. "Democratic politics", as sociologist Rudi Laermans discusses the work of philosopher Laclau[1], "requires the construction of a 'people' on the basis of one or more empty signifiers as well as an antagonism between 'us' and 'them'…". Whereby he argues, in effective if somewhat rigid language, that we need anchors or grips in order to construct our opinions. Subsequently we can put them on the political agenda. It's not so much about traditional class politics but simply about the language with which we stuff our surroundings into boxes and make them manageable.

'NORMAL, THAT'S ALREADY DIFFICULT ENOUGH… AND THEN THERE'S ALSO ALL THAT BLOODY ABNORMAL'

A society needs to have a communal frame of reference. It is formed by a 'collective memory' of shared recollections. This manifests itself whenever we understand one another, 'understand' one another, without having to go on about it (endlessly). According to Frits Bolkestein the values of our roots encompass a Judeo-Christian tradition, the liberal and democratic legacy of thought, and the enlightenment.

The point is that these values are never clear in our daily lives. We take their existence for granted, experience an unarticulated connection of our values with other people, but never enunciate this explicitly. Just as well—discussing every bloody thing all the time won't get us anywhere.

Nevertheless, a fundamentally enlightened spirit will allow itself to be led for the main part by 'righteous reasoning', as opposed to a poorly proven supposition murmured by common sense, most likely from the mouth of some nit-wit peasant. On the other hand, this enlightened spirit will be such an enormous bloody bore that a lot of people will get a sudden urge to leave the room listening to their drivelling on. Likewise, the oafish peasant is more likely to be a person who will turn to violence as a solution for social tensions… each of us has the voice of reason on one shoulder, and that of common sense on the other. Alongside reason and sense there are plenty of arguments from outside the sphere of our own affairs and direct relationships – there is also such a thing as the abnormal which waltzes into our living rooms irrespective of whether it's invited. <u>Behaving</u> normal is actually already hard enough.

> "In a first approximation, the everyday is what we are first of all, and most often: at work, at leisure, awake, asleep, in the street, in private existence. The everyday then, is ourselves, ordinarily. In this first stage, let us consider the everyday as without a truth proper to itself: our first move then will be to seek to make it participate in the diverse figures of the True, in the great historical transformations, in the becoming of what occurs either below (economic and technical change) or above

(philosophy, poetry, politics). Accordingly, it will be a question of opening the everyday onto history, or even, of reducing its privileged sector: private life."
MAURICE BLANCHOT, THE EVERYDAY, 2008, P. 34

SUBJECTIVISATION

Three types of people are named—the inflexible, rational chap who desires to hang on to high culture, the direct but asinine nincompoop with his common sense, and then there are those strange characters who behave oddly and have peculiar ideas—think for example of women in burqas who look weird on the street, or that strange artist in the family. Then there's a 4th type—the respectable citizens—okay schooling, good table manners, respectable mortgage, etc.

Despite the fact that the government and business desire to present a portrayal of mankind that matches their idealistic promises of a civil society—people have secure work, incomes, free time and choice—in short a specific bandwidth for marital bliss in the suburbs, there are actually a very few people with no abnormalities whatsoever. Something strange goes on behind each and every door, as we are reminded by TV programmes such as Man Bijt Hond (Man Bites Dog) that dives into private houses, and De Rijdende Rechter (The Mobile Judge), that performs 'legal' justice between neighbours. This we also know—we all go to visit friends, acquaintances and relatives where, beyond the front door, strange things take place.

An idea of collectiveness is created through the way that this portrayal of mankind, those who fit into this particular identity, is repeatedly presented to us over and over again in all sorts of communications. This is how it lodges in our collective identity.

That used to be okay—there used to be civil society, a society where, after all, the justice administering, implementing and legislating powers, guaranteed our emancipation—it was all about values. We proceeded with caution, trusting in that regime.

Now we live in a society where the government has washed its hands off the citizens. Suddenly it's up to our individual selves to take care of matters, to 'behave normally'. Suddenly there are no authorities in whose management of values we can trust.

Meanwhile there is still that ideal image of a life in civil society. So we determine our position between the certainty of that self-determined ideal image which summons us to 'civic duty', just as we stand before the uncertain challenge of how to find authority and integrity in it.

"We live in a culture in which the media image is so poundingly negative, so caught up in a closed loop of reporting on crisis, conflict and violence, that any counter-prevailing

> examples and ideas are simply not part of the story. What results is a completely skewed portrait of our current circumstance. When faced with relentlessly negative images, it is no wonder that people get defensive and become convinced the world is more violent than it has ever been, even if that is simply not the case."
> BRUCE MAU, DESIGN ECOLOGIES, P. 16

In this visual culture where a conservative image of bourgeois society is projected for us by the cultural powers that be, we are searching for our singularity—'who am I?', and our place, 'where do I fit into society?' Suddenly there are huge numbers of floating voters and we speak of a 'post-political society'. The call for morals and common sense is a logical one—we must not forsake our duty as normal people.

On the other hand, states literary scholar Yves Citton, quoting Baruch Spinoza[2], the man who is perhaps the greatest philosopher of our 'national Judeo-Christian tradition', it is "supremely valuable to act on the basis of rational understanding (intellectus) when we manage to master causal explanations (which should be our highest goal), we are necessarily tossed around by the coincidental associations of our imagination".

'STAND UP!' AND/OR 'STAY WHERE YOU ARE'?...

> 'Luckily we stand up; refuse to relinquish our duties': there is "…a type of amateur that, invited or uninvited, involves him/herself in discussions by experts and sets foot on domains which were previously closed to him/her. An amateur, in other words, who puts pressure on the professionals and their arguments and even threatens to topple them from their pedestal"
> SEIJDEL, 2010, P. 13

Because of this, now that the professional is under threat, the enlightened spirit is also under threat. Their high culture has come under discussion. Suddenly so-called 'reasonableness' has been transformed, through a publicly propagated 'common sense and decency norm'. Suddenly the high cultural ethical discourse that steered us to what was good behaviour and away from what was bad, has been taken over by the finger-wagging of the peasant nitwits who, based on 'common' sense say 'you should (not) behave that way'. That is of course highly effective—it saves time and it saves a lot of money. In actual fact it shuts off a whole section of open speech and possibility. With this, the civil society that is given form through the vigorous observation of duties, is a culture of don't-talk-just-do-the-job. In this culture, it's the turn of the respectable citizen, the yes-man the entrepreneur or the nincompoop. The wayward citizen, who doesn't just accept everything or who offers resistance, and the marginal citizen with divergent ways, is pushed to the sidelines. The wayward citizen requires too much effort and therefore too much time and thus produces a low output, this is the way of 'effective' reasoning.

> "In the search for respectable citizens there is a high risk that the government loses sight of voice in particular. Not only in the sense that they don't listen to what citizens are concerned with (Hurenkamp et al. 2006), but above all in that they don't know how to estimate the value of critical, contrary and wayward citizens. This means that all citizens who don't want to go along, talk along, or think along, are not good citizens."
> TONKENS AND VERHOEVEN, RESPECTABLE CITIZENS WANTED, P. 267

Despite the fact that everyone on board has to practice their civic duties, there is a particularly big vessel that has been thrown up in a rush by those aboard it. Above the ship, and visible from the shore and the hinterland, big signs are displayed, and flat-screens propagating the bourgeois dream: it's not a ship that sails on the seas of authority—something one has to earn—but a ship that builds on power—something one just takes. No-one on the ship accords even a glance to anyone on the shore, never mind anyone in the hinterland—they speak out like the best of helmsmen, but 'earn' only exclusion.

> "The question is — if a cabinet that governs on the waves of societal petulance, anger and distrust, will pay enough attention to the respectable and wayward citizen? (…) So from the Rutte[3] cabinet one cannot anticipate a dialogue with active citizens — but we can expect an emphasis on participation all the more."
> TONKENS AND VERHOEVEN, RESPECTABLE CITIZENS WANTED, P. 267

COMMON SENSE: COME ON THEN!

By and large, most individual citizens find it enormously difficult to discuss their voice. That doesn't happen 'just like that', that 'doesn't get anywhere'. In the first place this difficulty goes for the most ridiculous of all figures—the critical artist and the critical poet. They aren't even tolerated as court-jesters unless they preach for THE people. This goes equally for the really marginal—the paedosexual who is hunted throughout the country and the person under the burqa (is it a woman?), they are jeered off by the peasant oafs without being asked for reasoned arguments by the enlightened critic. To a lesser extent, this also goes for the floating voter who isn't permitted to doubt in order to come to reason and so is kept on a tight rein—artificially remaining a respectable citizen. In all these cases it is apparent that citizenship, as formed by civic duties, is rigorously excluding. This makes visible a deficient democracy. Worse still, when you don't recognise wayward people and refuse discussion, there is the chance that demagogy increases. This indicates not so much a lack of respect for 'being difficult' and endless bullshit, rather, it is a lack of respect for the humanist and enlightened tradition that we recognise here. It is a liberalism of the marketplace but not our liberalism. The citizenship that we are <u>allowed</u> to dream of, is a citizenship conforming to market values which seduce us in no mean language with talk of immediate yields and are dished out in bite-sized mouthfuls—who dares to push market values to the side.

> Giving *voice* is a form of government by citizens, who are thus able to correct, improve or try to change completely, the democratic nature of the practices in which they find themselves. This can be done by respectable citizens if they are put in a position to do so, but giving *voice* also plays a role with contrary citizens who determine for themselves when they give *voice* to the government.
> TONKENS AND VERHOEVEN, RESPECTABLE CITIZENS WANTED, P. 260, 266, 267, 268

Let us take the liberty to dream our own dream, without any immediate returns, but as free people in a society for free people, call it 'democratic society' for now—a term to be expanded upon another time.

Endnotes
1. Rudi Laermans, Open 20, 2010, The Popular Imagination, p. 73.
2. Yves Citton, Open 20, 2010, The Popular Imagination, p. 61.
3. The first Liberal prime minister in decades, started in 2010.

Literature
- Johnstone, S. (ed.) (2008). The everyday. London: Whitechapel Gallery and MIT Press.
- Oudenampsen, M. & Seijdel, J.(ed.) (2010). OPEN#20 The Popular Imagination. Rotterdam: NAI publishers.
- Seijdel, J. (2010). De waarde van de amateur. Amsterdam: BKVB Fund.
- Tilder, L. & Blostein, B. (ed.) (2010). Design Ecologies. New-York: Princeton Architectural Press.
- Verhoeven, I. & Ham, M. (ed.) (2010). Brave burgers gezocht (Respectable Citizens Wanted) Amsterdam: TSS, Tijdschrift voor sociale vraagstukken & Van Gennip publishers.

FROM CULPABILITY TO CAPACITY

PATRICIA REED

I know better, but..., this is perhaps the most telling slogan that could adorn our t-shirts today (or environmentally friendly, ethically produced cotton, organically dyed, biennale branded, re-useable shopping bags for that matter) if the way we display ourselves to and in the world would purport to take any sort of 'honest' presentation. More than just doing it, 'I know better, but...', is perhaps the most uniting slogan of passive nihilism that exists in our contemporary plight—traversing classes, nationalities, ethnicities, genders, economic statuses, intellectual positions and political-party orientations. What this little, seemingly harmless slogan reveals about us is an underlying and pervasive denial through which the apparatus of spectacular capital operates. We may be attracted to vastly different goods, products and brand identifications, yet what unites us is the very drive to participate within the rapid flows of circulation at the core of consumption. Our situation is all the more interesting, perversely so, since we are all to aware of the false mythology surrounding brands, yet persist in our patterns of behaviour—what Slavoj Žižek, following Freud, has called the 'fetishist disavowal'. Rationally speaking, I know that typing this text on a shiny MacBook Pro won't suddenly infuse my capacities to write with unbeknownst acumen, wit and virtuoso technique, yet I have been driven (beyond means) to acquire this particular good since it's creative-class aura and polished styling targets my artistic identity as a cultural producer. Yes, even Žižek, our Marxist enfant terrible admits to his hypocritical culpability, unable to escape the spectre of the fetishist disavowal, having recently scooped up a fashionable iPad as a gift for his son, shortly after it hit the market.[1] What these crass, yet hopefully highly identifiable examples reveal is the gaping chasm between logical rational and our resulting behaviour, between knowledge and action, between cause and effect. 'I know better, but...' is symptomatic of this inconsistency embodied in drive that generates behaviour unaffected by a reasoning calculation.

Contained within this fundamental split between knowledge and action lies the crux of our problem when trying to confront the pervasiveness of the solicitation of ever more excessive desires through increasingly subtle and sophisticated modes of brand association. This fundamental inconsistency is symptomatic of one of the quintessential problematics of being-human in and of itself. We humans are a particular species with no definitive surrounding, existing in an environment overabundant with stimuli disconnected from operative tasks of fixed biological finality[2]. The experience of our world is always overfull, turning culture into our first nature. Culture is imprinted as an innate biology upon the plasticity of our being, sheltering us from the terrifying contingency and indeterminacy of being-in-the-world.[3] That is to say, there is no biological, anthropological, divine nor 'natural' order of human (co)existence—and that is perhaps both our utmost possibility, yet also our greatest risk. There is no manual for learning or practicing culture, no list of inscribed imperatives, culture is rather perceived, traversing by <u>and</u> through us, arranging orders of things, people, functions and places; in the parlance of Jacques Rancière, through the distribution of the sensible.

COMMON SENSE

Within the distribution of the sensible, ways of living, being and co-existing operate through a certain perceptibility, to the exclusion of that which is imperceptible (in French the expression is '<u>partage de sensible</u>', with 'partage' denoting that which is both shared and that which is divided). The allotment of parts and roles is based on a particular allocation of spaces, temporality and modes of operation that delineate the common, or the topology of the normal, the <u>sensus communis</u>, and the ways in which individuals may partake in that distribution.[4] The distribution of the sensible sets-up the relations between the seeable and sayable configuration of the world we live in as to what can be perceived by the senses or what is comprehensible as being visible. The key to this particular conception of culture is its grounding <u>in</u> aesthetics—aesthetics here not referring the a hierarchical system of display in art, but rather associated with the Kantian notion as simply that which can be experienced sensorially. It goes without saying that the sensibility to consume and par-take in the experience economy pervades our contemporary perceptibility, our veritable <u>nomos</u>, where the allotment of spatiality in a great number of our 'public' spaces is, as we well know, reduced to functions of consumption. Countless architectural / urban studies research projects, as well as art and design projects have been articulating our alienated plight of disavowal for decades—with the Situationist Internationale, being the most influential (persistently so) amongst the critics of the capital / spectacle matrix, yet even in the mid 19th Century, we can already trace Baudelaire's lamenting and poetic reflections on Haussmann's infamous redesign of Paris (largely constructed for an emerging Bourgeoisie and the developing, privatized, market-place)[5]. Since the ushering in of privatized spatiality and the domination of the market ethos upon the masses, there has been an unrelenting, systematic critique running in parallel.

MECHANISATION OF CRITIQUE

Now some will say if it is indeed true that critique has proliferated the institution of the public sphere since the Enlightenment[6], that if this is the case, the deployment of critique has been a dismal failure. Yet we shouldn't be too quick to suggest critique, in itself has failed, on the contrary, as thinkers such as Jacques Rancière and Bruno Latour have noted, the project of critique (in its unveiling and deconstructive guise) has been overly successful. The success of a certain genre of critique built upon persistent doubt as to the 'truth' behind the 'lies' of images, the dark reality behind the brilliance of images, or the legitimacy behind empirical 'facts', has been wholly integrated in our ongoing negotiation with information in various forms. Once heralded as an emancipatory weapon against the reign of the commodity, or the autocracy of scientific fact-making, critique now serves an obverse, and sometimes even dangerous function. In the case of rampant consumerism, critique persistently portrays a law of domination whose force and omnipresence seizes everything it comes into contact with, even antagonistic forces, making "any protest a spectacle and any spectacle a commodity (generating) an expression of futility, but also a demonstration of culpability."[7] We are here caught again in the obstinate grips of the fetishist disavowal, (also symptomatic of leftist melancholia), where all forms of deconstructing the spectacle continually reveal the 'law' of commodities, not with an impulse to rethink the potential contingency of this perceived 'law', but wholly confirming it. In the case of science, and its social studies counterpart, Latour points to the ways in which the proliferation of critical doubt has been perverted against all rationale. Citing the case of the climate change debate in his essay Why Has Critique Run out of Steam? From Matters of Fact to Matters of Concern[8], he examines how his own discipline which positions scientific fact-making under a sociological/anthropological microscope (the social contingency of scientific facts) has been distorted towards the private aims of lobby groups. In a New York Times article, Latour cites a Republican strategist who states that the public must be continually fed doubtful publicity as to the socially constructed 'facts' of climate change, so as to instil a mode of cynical scepticism upon a populous. Here we can see, in an overt way, an appropriation of critique (the critique of scientific fact-making) deployed not to put into question the socio-scientific instantiation of 'objective' facts, but rather mobilised to reify existing, profit generating (non-)regulations. Critique, here, has been fully usurped within the distribution of the sensible—provoking Latour to pose the provocative question when enacting these conventions of critique as 'unveiling': "Are we not like those mechanical toys that endlessly make the same gesture when everything else has changed around them?"[9]

AGRAMMATICALITY

Our supposed tool of enlightenment, critique was believed to be a cognitive light against the dark colonisation of capital upon our minds, seeking to liberate us with knowledge of the 'truth', or 'reality' of things, provoking better judgments and therefore, better actions. And, we have fully ingested its lessons—endlessly returning, however, to the very same reality, or better apprehension of reality, time and time again—reinforcing a given perceptibility rather than redrawing the limits of that which has yet to be given, that which is potential and not-yet-given. Does that mean any attempt today to 'be critical' is doomed to the same fate of confirming the spectacle, of confirming the (imaginary) 'fact' of our reality, like Latour's mechanical toy? The answer, thankfully, is a resounding no. In seeking to antagonize and render politically affective an intervention upon the coordinates of the given, common order of things, Rancière offer a particularly helpful concept of 'dissensus' which is no longer caught up in the work of excavating surfaces, unveiling illusions or deconstructing façades of things, but one that operates under principles of gathering and precisely <u>unworking</u> our sensibility of reality, mobilizing the very contingencies of the symbolically constituted order (the distribution of sensibility).

Dissensus, as Ranciere defines it <u>is</u> politics; it is the clash of sense and sense—a struggle, between the distribution of sensibility and the ways of making sense out of it. An aesthetical grasping of dissensual politics, as fleeting and fragile as it may be, acts as crucial modality through which an <u>affective</u> cultural praxis can be positioned. Not merely revealing or representing the symbolic structuring of the 'given', as in the now inverted function of critique, but the augmentative activity of redrawing the aesthetical frameworks in which the given-ness of a particular sensible ordering is apprehended as such. One prime example here, one that seems to be returning of late in discussions of political affectivity, especially given a direction of political thought examining notions of Deleuzian 'lines of flight'; comes from Herman Melville's character of Bartleby the scrivener. Although several prominent thinkers have analyzed Bartleby, his character becoming the poster-boy image of passive refusal, his character remains useful when we amalgamate some of these theses in formulating a portrait of a resistant figure from several angles of interpretation, elaborating on his actions in order to understand his particular process of resistance. Bartleby's infamous phrase "<u>I would prefer not to</u>", is what Deleuze called a formula of 'secret agrammaticality'. The phrase in itself, is of course, grammatically correct, yet in its brusque cessation 'not to', leaves what it rejects undefined. His phrase ('statement' seems too determinate to evoke here) is neither affirmation nor negation, but a "logic of negative preference, a negativism beyond all negation."[10] There is a logical <u>unworking</u> between words and actions, between acts of speech and the words themselves, creating a world of suspended syntax—a performance of language without reference. Bartleby's (non-)action disrupts to coordinates of the normal operation of things in the office of the attorney, not via a statement of negative refusal (as when one would suddenly, loudly stand up to one's boss), but something vastly more confounding (and agitating) for the actors involved in the performance of work. Bartleby's is a contestation of the partitioning of the sensible of the world of the attorney to whom he speaks; his 'agrammaticality' disorganizes a particular, and reasonable organization of life and work; "[it] shatters not just the hierarchies of a world but also what supports them: the connections between causes and effects we expect from that world, between the behaviours and the motives we attribute to them and the means we have to modify them."[11] Bartleby's formula, defers the orders of 'operative' being through an agrammaticality that destroys the syntax of reasonable organization. By neither negation nor affirmation, he opens up a relation of tension between the two oppositional states of 'yes' or 'no'. His is a calmly repeated radical utterance, Bartleby's <u>formula</u>, is nothing less than an enactment of the fundamental contingency of the 'reasonable' operations of things, a disruption of the grammar of the given.

Bartleby's formula is not, in the conventional sense, formulaic—there are no equations or systematic methods in order to generate this sort of disruptive 'agrammaticality'. If this formula were indeed formulaic, it would become a mere rule, a certain task that must be fulfilled in order to enact resistance—the paradox of course being that if this formula fell into the domain of the virtuousness of good consciousness (morally tainted task), it would cease to be resistant at all—its resistant forces would have already been subsumed within a <u>nomos</u> of behaviour. This is precisely where cultural critics, whether they be designers, thinkers, artists or whomever seeks to engage with notions of resistance upon the given order of things, should take as exemplary. The field of resistance has dramatically changed, from the once effective modes of mass gathering organized to negate a certain delineation, injustice or direction of the social, these modes have since been fully regulated, often quarantined into highly controlled zones of negation—as in the paradoxically designated 'protest zones', or 'zones of free speech'. Something vastly more imaginative needs to take shape if we are to <u>affectively</u> resist, and it is precisely upon and within the coordinates of the habitual operation of things where the contingencies of the distribution of sensibility can be demonstrated. Bartleby's formula is an open-ended example, for it continually demands reinvention on the part of those who seek to enact an echo of Bartleby's 'secret agrammaticality'. What is, however, a consistently occurring force in this unsettling capacity of Bartleby, is a fundamental fidelity to the performance of agrammaticality, and it is here where one can start to negotiate his performative ethos, as such.

DISSENSUS AND ETHICS

> "One should reduce and limit the realm of morality step by step: one should bring to light and honor the names of the instincts that are really at work here after they have been hidden for so long beneath hypocritical names of virtue…"[12]
> NIETZSCHE

The first distinction the needs to be made when discussing ethics, in my view, is its distance from morals, from morality per se. The ways in which the terms seem to operate as interchangeble nowadays, is problematic unto itself, causing various thinkers to lament a so-called 'ethical turn', notable amongst them being Rancière, and the art critic Claire Bishop, particularly in her critique of relational aesthetics. What they both refer to as an 'ethical-turn' is actually a 'moral' turn, and in fact their lamentations require a system of ethics in order to be effective. Bishop, infused by the voice of Rancière, is weary of the turn in art criticism, that judges not the materiality of the work (nor the quality of social relations produced by works), but rather the authors loyalty to a steadfast norm of identity politics, namely "...respect for the other, recognition of difference, protection of fundamental liberties, and an inflexible mode of political correctness."[13] Her argument lies in the judgment and articulation of artworks that uphold dominant liberal doctrines of thought, in short, upholding the very values inherent to a particular distribution of sensibility. Bishop's 'ethical turn', is in fact, a 'moral turn' when we take up the distinction between morality and ethics proposed by Foucault, where ethics arises because there are no mere tasks that must be fulfilled in the enactment of human (co)existence, whereas morality, as conceived by Foucault, is a rigid and "prescriptive code one is obliged to follow."[14] The lamentation of the fashionable 'return of ethics' is a result of a conflation of a normalized notion of 'good-ness' with fact, based on an unquestioning and utter acceptance of the virtues of 'good-ness' that permeate our sensibility of the social, of what we have apprehended as the common 'good'. Upping the ante, so to speak, outside of the art/design world bubble, in regards to the consequences of a morally infused righteousness of the universal 'law' of certain values, is the direct militarization of such values. Nothing speaks more to the violence of this rigidified virtue of 'goodness' than the deployment of military strategies under the guise of spreading so-called democratic values, and a 'market morality' around the globe (at least this is how such strategies are branded and brought to pass as legitimate and even philanthropic to some degree, to a larger public).

IMAGINATION AND GOOD LIFE

Ethics, if it is to be broadly defined in this brief account, can be summarized as an ongoing search for a good life[15], asserting Aristotle's differentiation between 'bare-life' into which human-animals are born, and 'good life' (eudaimonia) as that which perpetuates and gives birth to the polis, and thusly, politics. Some thinkers, such as Rancière are opposed to these binary categories from the beginning, suggesting that the notion of these differences is in itself, tied up with the distribution of the sensible and cannot be taken as a 'fact' of (co)existence. Whether these categories be 'facts' or not, is irrelevant in my opinion, since forging a discussion about ethics of the 'good life' is wholly related to the a priori contingency of human (co)existence, that modes of organization, exchange and co-existence can be other; that what appears as steadfast and unchangeable is largely a problem of imagination itself. Does this mean that I am naïve enough to believe we can simply day dream ourselves away from the imposition of commodity culture and the experience economy? Certainly not. When we take up the question of imagination through the lens of Kant, imagination is seen as a symbiosis between sensibility and intellect that allows one to produce a concept-image of that which is not directly represented. Such image-concepts become mental schematics—so that when I say 'blue table', one possesses at hand a mental image of blueness and tableness, allowing for some form of common communicative ground. In the world of tables and colours, this is perhaps, quite banal, yet the stakes are greatly raised when we start to ask ourselves about schemas of (co)existence itself. It is of interest to note, that in a 2003 survey of the working and living conditions of so-called 'critical cultural producers' (those who have come to be known as the 'precariat') when asked point-blank about their visions for a 'good life' or other modes of organization, no one possessed an answer[16], there was no discernible possible schema, even amongst a presupposed cultural elite. It is from this position of a dominant lack of other imaginaries towards what could possibly constitute a 'good life' that an ethics of dissensus can be situated.

If ethics in general is indeed the search or quest for a 'good life' (here I think it is important to use the article 'a' and not 'the' since this notion of a 'good life' is not universally enduring), Simon Critchely has postulated that an ethical position results from the feeling of a demand—a demand that is not objectively given, but is internalized nonetheless as a sentiment, a demand that is sensed. A system of ethics ensues as a result of this demand, but only when the self is able to bind itself wholly to the perceived demand—the self must remain in absolute fidelity to this demand of a perceived good in order to perpetuate an ethical act.[17] It is here where we can witness the exemplary ethics of Bartleby with his unfloundering commitment to the performative event of a radical agrammaticality, with his uncompromised fidelity to the event(s) of his utterance.

The ethics of dissensus can only be affective within a fidelity to the event of its articulation. As an aesthetic event, dissensus works upon imaginations towards the forging of other schemas, or possible ordering through a clash of sense and sense—an abutment with given meanings and order of things. Dissensus contaminates imagination—a touching of the senses, it opens the possibility to experience something other, working on the plasticity of our modes of (co)existing. These are not necessarily revolutionary, grandiose or immediately paradigm changing sensibilities, but slowly work towards the perception of other modalities of dwelling, unworking the virtues of those that have already been schematized. Dissensus was not intended by Rancière as a particular ethical system, but nonetheless requires a certain and sincere commitment to the events it antagonizes, and therefore takes on ethical characteristics of the fidelity of perceiving, performing and imagining. It is here where the thoughts of Nietzsche come to the fore with his system of ethics outlined in the <u>Will to Power</u>, known as virtù ethics. Just like the aesthetical articulation of dissensus, which tests out and demonstrates the contingency of the order of things; and those things, people, places and situations which are excluded from the distribution of sense, virtù "calls attention to the remainders of a system, to the insistences, cruelties, deceits, and inconsistencies, or virtue as a system of values."[18] Such an ethics is not simply negative, or critical in the sense of pointing fingers, nor does it take up the spirit of the <u>enfant terrible</u>, but looks towards aesthetical, or experiential disruption as a mode of re-inscribing the coordinates of the given.

With the ethics of virtù denoting a fidelity to the event of dissensus, we can seek to unwork the 'inevitable' passive nihilism evoked by our original slogan: "I know better, but…" At the beginning the slogan presupposed our fate of culpability in the grips of the commodity machine and our irresistible drives to perpetuate its operative functions. Yet it is in this very slogan that we can perhaps recapture our own secret agrammaticality, for located in the ellipsis itself, the "…" of literary suspension lies a crucial <u>indefinition</u>, the very possibility to articulate something other. Our principle challenge as cultural producers is to apprehend the potentiality of this indefinition embodied by the ellipsis, unworking the 'law' of its presupposed culpability, transforming this culpability into <u>capacity</u>. Capacity, here, is wholly non-prescriptive, slipping through the boundaries of an instructive manual, a speculative capacity that can articulate other distributions of sense, contaminating imagination in the ongoing search and experimentation with and for a good life, and no longer a life of mere goods.

Endnotes

1 O'Hagen, Sean. 'Slavoj Žižek: Interview', http://www.guardian.co.uk/culture/2010/jun/27/slavoj-zizek-living-end-times (11.09.2010).

2 **Virno, Paolo.** Anthropology and Theory of Institutions in **Art and Contemporary Critical Practice**, eds. Gerald Raunig and Gene Ray. London: May Fly Books, 2009, pps. 95–112.

3 Ibid.

4 Rancière, Jacques. **The Politics of Aesthetics.** trans. Gabriel Rockhill. London: Continuum, 2004, p. 12.

5 **Harvey, David.** The Political Economy of Public Space in **The Politics of Public Space**. Eds. Setha Low and Neil Smith, New York: Routledge, pps. 17–34.

6 Eagleton, Terry. **The Function of Criticism.** New York: Verso, 2005, p.10.

7 Rancière, Jacques. **The Emancipated Spectator.** trans. Gregory Elliot. London: Verso, 2009, p. 32–33.

8 **Latour, Bruno.** Why Has Critique Run out of Steam? From Matters of Fact to Matters of Concern in **Critical Inquiry** vol. 30 no. 2 (Winter 2004). Chicago: University of Chicago Press, 2004, p. 225–248.

9 Ibid.

10 **Deleuze, Gilles.** "Bartleby; or, The Formula" in **Essays Critical and Clinical.** trans. by Daniel W. Smith and Michael A. Greco. New York: Verso, 1997, p.68–90.

11 Rancière, Jacques. trans. Charlotte Mandell. **The Flesh of Words: The Politics of Writing.** Stanford: Stanford University Press, 2004, p. 146–7.

12 Nietzsche, Friedrich. The Will to Power, ed. Walter Kaufmann, trans. R.J. Hollingdale and Walter Kaufmann. New York: Random House, 1967, §327.

13 **Bishop, Claire.** The Social Turn: Collaboration and its Discontents in **Artforum, February 2006,** pp. 178–183.

14 Rajchman, John. Ethics After Foucault in: Social Text No. 13/14 (Winter-Spring, 1986), Durham: Duke University Press, 1986, pps. 165–183.

15 **Virno, Paolo.** Interview with Paolo Virno, interview by Branden W. Joseph, translated responses by Alessia Ricciardi in Grey Room No. 21 (Fall 2005), Cambridge: MIT Press, 2005, pps. 26–37.

16 **Lorey, Isabell.** Governmentality and Self-Precarization in **Art and Contemporary Critical Practice**, eds. Gerald Raunig and Gene Ray, pp. 187–202.

17 Critchley, Simon. **Infinitely Demanding: Ethics of Commitment, Politics of Resistance.** New York: Verso, 2007.

18 **Honig, Bonnie. Political Theory and the Displacement of Politics.** Ithaca: Cornell University Press, 1993, p. 3.

A CITY, A VISUAL DIALOGUE

ANGELIKA BURTSCHER

In the mid 1960s, Kevin Lynch introduced the concept of imageability into architectural discourse [...] as a quality that gives a physical object a high probability of evoking an image of majesty in an observer. Imageability would be a feature able to unite objects, buildings and urban structures[1]. Lynch talks about the possibility of urban centres having more than one public image and that these can coexist and live together.

The network of a city today is not defined simply bywithin a specific geographic area, but is more and more comprised of a set of extra-territorial connections. Citizens today are called on to confront and to orient themselves towards, a city that has 'borrowed' visuals from other cities—ever more interchangeably. Think about the medium-sized urban centres of England, Germany and the Netherlands: The historical centres are generally quite 'young' and the public spaces are usually dominated by series of chain stores. As a result, town centres give the impression of being entirely generic. The city is increasingly becoming a centre for consumption and often no longer presents an individual image and identity—built upon specificity of form and of culture, whether social or territorial—but instead runs the risk of homogenisation from city to city. Don't the signs and symbols of a city resemble each other more and more?

The Argentine painter, designer and thinker, Tomás Maldonado, also addresses this issue with regard to the 'other' values that comprise a city's image—not just its physical elements but also its stories, paintings, poems and songs. Consequently, the symbols that comprise the visual landscape of a city must be read within the cultural context of their insertion into the city. It is only in this way that a city can have a specific and distinctive identity and build—or rather call attention to—an individual history that could reflect on both its residents and the people who come to visit. When this happens, the residents can relate to their own city in a different way and are thus able to interpret and enrich the presence of factual and formal aspects with those that are more personal or emotional. This brings us back to the idea of the coexistence of multiple images of a city, some of which are imposed from the outside and others of which are created through personal experience and a relationship with the city.

RENEGOTIATIONS

I would like to refer to a project we organised with Lungomare Bozen-Bolzano in the city of Bolzano. The project was based in, and made use of, buildings within the city, which were not simply formal elements, but embodied possible relationships to history and could become 'carriers' of topics relevant to the present time and our future. In the project, entitled place it: Four Story Settings for Bolzano Public Space[2], designers Manuel Raeder, Luna Maurer

& Roel Wouters, Alexander Egger, and Kasia Korczak with Slavs & Tatars, executed 'interventions' on some of Bolzano's facades—spaces not intended for the purpose of communication—in order to create spaces for imagination within the city (see pages 100 and 101). The designers, each using his or her own particular set of tools, endowed the city with a visual narrative for the purpose of establishing various spaces for reflection within the old city—as well as in residential and industrial areas—thereby expanding their range with the aim of emphasising the socio-political relevance of graphic design.

In his installation, entitled **If you want to get out of a hole, stop digging**, Manuel Raeder reflected on the possible artistic interpretations of a space for tolerance and freedom. A barrier, bent into a semicircular form, lined the façade of the building on which it was installed: a wall was not formed, though, because you could see through it.

Luna Maurer and Roel Wouters created a "pointless" exercise for <u>place it</u>, which explored the fundamental idea that we can change our daily habits. There were simple instructions—nothing radical and with no political agenda—which everyone could relate to since they were taken from everyday life. These impulses were small and provocative: allowing us to become more aware of our everyday lives, locations, origins, and identities and to rethink and reconsider these themes.

The main focus of Alexander Egger's work, entitled <u>Ausweitung der Kampfzone</u> (<u>Expansion of the Combat Zone</u>), was a wordplay in which languages were blended and points of reference altered. Consistent relationships and perceptions—based on distinct individual versions of perspective—were put forward to those observing. Attempts were made to make the positions flexible: a member of the audience recognising him or herself as part of a group, but at the same time as part of another group—from which he or she has been excluded.

Kasia Korczak, in collaboration with Slavs & Tatars, took the lyrics of a Gershwin song and created a new version. But the Slavs & Tatars' version, however, does not revolve around such seemingly innocent words such as 'tomato' and 'banana', but rather aroundon terminology that touches on the real issues of concern for today's Europeans: immigration, identity, self-determination, etc.

From these results, we concluded that design, within the context of the city, can re-define itself as a quest for a practical urban alternative, above and beyond the logic of the market and the privatisation of urban space, a trend that is becoming more and more commonplace.

The target of public communication is not simply a 'receiver', which implies a one-way action and passive reception. It may not always be necessary that the person receiving information is involved its <u>creation</u>, but when information is transmitted, a recipient should play an active and participatory role. Public communication becomes truly interesting when the transmission comprises an area of thought in which the recipient can feel involved.

Public communication often defines and aims to control its target—the city's residents—in a very specific way. Recall, for example, the branding campaigns for Berlin and Amsterdam: 'Be Berlin' and 'I Amsterdam'. The city and its public space become private space and a place of economic negotiation, thus limiting mental and spiritual space. The resident and the visitor alike must correspond to a very specific image—one that some public officials and various private individuals with their economic interests, have defined as their target.

Last year, '**O**sservatorio Urbano/Lungomare'[3] was invited to participate in <u>Legal Disagreement</u>,[4] a project at Villa Romana in Florence. The basis for this project was a critical investigation into the many ordinances that the mayor has introduced in recent years in order to control the flow of tourists, and the use of public space by street vendors, panhandlers and 'squeegee' people.

Referring to Saskia Sassen: "Does a city still exist outside of the logic of the privatisation of its public space, which renders it more and more a strategic environment of the economy?" The way a city is used is constantly changing. Land use and ease of access have changed the use of public space. The city has increasingly become a centre of recreational activity and consumption rather than of production of goods—and I would add the production of thought. The city is confronted with practices that are increasingly temporary rather than prolonged and is influenced by changes on a global scale. People feel less and less like an active part of a city. The idea of community and of 'sharing' public space (and the common activity that results) is becoming less of a priority for urban development and of little importance to the agendas and logic of the individuals and special interest groups that have a specific objective in trying to influence the urban political perspective of a city.

A city like Florence is confronted daily with these issues—as are many other cities in Italy—and is thus forced to seek a balance between 'special' use and the needs of those who inhabit the city. Cities like these have to deal with economic issues related to the flow of visitors, public order and the safety—whether real or perceived—of those who dwell in the city. There are no precise solutions for these problems, but it is our belief that it is important to deal with all the different 'actors' who comprise a city in order to arrive at solutions that integrate the needs and ideas of different groups.

We have come up with an 'exercise' based on these assumptions, the result of which is called <u>Sette per Sette</u>: seven people are invited to a roundtable in order to make a video about 60 minutes long. Each of the people invited, plays a role defined by the position assigned to him or her: the mayor of a city, a resident, a businessman, a tourist, a stranger, a policeman or a street artist. After a few minutes, the dialogue stops and the participants get up and change positions—thereby assuming a new role. The discussion continues. The assumptions, topics, and the contents of the video pertain to issues faced by the city of Florence, however, in order to underscore the general validity of the issues addressed, the name of the city is not specified. The participants are not actors and their voices are not scripted, rather, they bring their own personal experiences into the project. They are people who play the roles of individuals that inhabit a city and they reflect on the possibility of reconciling the viewpoints and needs of the various groups they represent.

CHANGE CAN COME TO TOWN

Communication in public spaces can be transformed into something that is culturally and socially valuable when we are able to build an identity for a city which is multifarious. This is because identity is a variable process, is constantly in flux, and demands a place of action that is potentially as open as possible, in which differences can be rediscovered. Identity means continual negotiation and space for discussion and thought. How much room for imagination should remain in public communication? Do we want to receive and see images that are so narrowly defined, that are chosen by those who want to define the city based on their own agenda, rather than seeing that our primary objective should be a city that is as accessible as possible?

Designers do contribute in a fundamental way to the visual landscape of a city, therefore the designer can assume a critical role in changing the urban fabric and our daily lives. He or she sees the subject not necessarily as "design" per se, but rather as issues that arise through critical reflection about the context into which we are placed. Design thus becomes a narrative instrument that opens the door to public discussion.

This text is an extract of a conference held on the 16th of May in association with a book presentation for Interfacce Metropolitane–Frammenti di Corporate Identity (Underground Interfaces–Fragments of Corporate Identity) by Emanuela Bonini Lessing, at the 121+ bookshop in Milan, with Daniela Piscitelli and Giovanni Anceschi.

Endnotes

1 Emanuela Bonini Lessing, Interfacce metropolitane. **Frammenti di corporate identity, Et al. 2011 Edition.**

2 **Place it–Four Story Settings in Bolzano Public Space, from July 18th through October 13th, 2008, curated by Angelika Burtscher for Lungomare Bozen–Bolzano; an exhibition that ran during the Manifesta 7 European Biennial of Contemporary Art.**

3 **Lungomare Bozen–Bolzano has promoted the** Osservatorio Urbano **project since 2005. The project took on the challenge of tackling the theme of the city, avoiding a direct dialogue with the traditional instruments of town planning which are too closely connected with an** objective representation of data and too far from common comprehension. A transversal approach was defined and phenomenon were tackled which were different from those usually dealt with by urban analysis and planning. The concentration was deliberately shifted onto aspects such as spontaneity, emotions and unpredictability.

4 Legal Disagreements/Disaccordi Legali **is a project curated by Matteo Cavalleri and Luisa Lorenza Corna for Millepiani, 25.09.–31.10.2010, Villa Romana (Firenze).**

WALKING CHAIR

PLACE IT: FOUR STORY SETTINGS FOR BOLZANO PUBLIC SPACE

TALKS OF THE TOWN

CITIZENS & DESIGNERS

From left to right (see page 11 for full colour image):
Jos Poortman and Cox & Grusenmeyer, Jane Hardjono and Drawswords, Angelica Goyenechea Jaramillo and Foundland

ANGELICA GOYENECHEA JARAMILLO (MEX)
Angelica Goyenechea Jaramillo is from Mexico City and immigrated to the Netherlands in 1997. She works with a foundation for people from Latin America: Centro Latinoamericano de Orientación Foundation. The foundation supports people during their integration process in the Netherlands and answers their questions about issues such as health care. She has worked as graphic designer at Sligro for two years.

ANGELICA GOYENECHEA JARAMILLO (MEX)
Angelica Goyenechea Jaramillo komt uit Mexico Stad en is hierheen geëmigreerd in 1997. Zij zet zich in voor de stichting voor mensen uit Latijns Amerika: Stichting Centro Latinoamericano de Orientación. De stichting begeleidt mensen met hun inburgeringstraject, beantwoordt vragen die hebben over bijvoorbeeld de gezondheidszorg. Sinds twee jaar werkt ze als grafisch vormgever bij Sligro.

JOS POORTMAN (NL)
Jos Poortman is originally from Rijsen, near Almelo in Twente and moved to Eindhoven for his engineering studies. He is commencing a masters course in architecture. Around the age of 14 he was given an electric guitar and for the last two years he has led a choir in the Achste Barier (an area of Eindhoven) and plays in a band, where he is gradually improving his singing.

JOS POORTMAN (NL)
Jos Poortman komt oorspronkelijk uit Rijsen in de buurt van het Twentse Almelo. Hij is vanwege zijn studie, bouwkunde, naar Eindhoven verhuisd. Hij begint nu aan zijn master architectuur. Rond zijn veertiende kreeg hij een elektrische gitaar. Sinds twee jaar begeleid hij een koortje in de Achste Barier en speelt in een bandje, waarin hij steeds beter wordt als zanger.

JANE HARDJONO (AUS)
Jane Hardjono is from Melbourne, Australia. She has lived in Eindhoven for five years. She is a writer and a starting artist. At the moment she is documenting creativity in Eindhoven in an online magazine called The Dossier. She researches 'Silence' as a theme for her personal creativity through poetry, music and visual art.

JANE HARDJONO (AUS)
Jane Hardjono komt uit Australië, Melbourne. Zij woont in Eindhoven sinds 5 jaar. Ze is schrijfster en beginnend kunstenares. Op dit moment documenteert zij creativiteit in Eindhoven via een webmagazine, getiteld The Dossier. Ze onderzoekt 'Stilte' als een thema waarmee ze haar persoonlijke creativiteit via poëzie, muziek en visuele kunsten wil uitdrukken.

FOUNDLAND (SY/SA/NL)
Foundland consists of Ghalia (Syria), Lauren (South Africa) and Dirk (The Netherlands) who studied together at the Sandberg Institute. They decided to establish a foundation called Foundland, where, as designers with an interest in media, they combine different elements of their work: writing and the use of image. They initiate their own projects but are also hired for projects where they raise their personal views on issues such as political or social problems. They produce graphic work and manifest themselves via platforms as symposia and presentations.

FOUNDLAND (SY/SA/NL)
Foundland's Ghalia (SY), Lauren (SA) en Dirk (NL) studeerden samen aan het Sandberg Instituut, master kunstopleiding. Ze besloten gezamenlijk door te gaan in hun eigen stichting: Foundland. Zij doen dit met bijzondere interesse in media, waar zij zich toe verhouden en waarin zij hun praktijk manifesteren: zowel schrijvend als beeldend. Zij initiëren hun eigen projecten maar worden ook ingehuurd voor projecten. In beide gevallen kaarten zij hun eigen persoonlijke visie op betrokken politieke en sociale problemen aan. Ze manifesteren zich binnen hun grafisch werk maar ook op symposia en via presentaties.

COX & GRUSENMEYER (BE)
Lauren Grusenmeyer and Ines Cox met each other during their graphic design course in Gent. They both did a masters course in the Netherlands: Workplace Typography and the Sandberg Institute. Through humour and performance art, and a belief in the personal, they reflect on drama and everyday banalities. They work from Amsterdam and Antwerp.

COX & GRUSENMEYER (BE)
Lauren Grusenmeyer en Ines Cox hebben elkaar leren kennen bij de opleiding grafische vormgeving in Gent. Beiden hebben in Nederland een master opleiding gevolgd: Ines bij Werkplaats Typografie, Lauren aan het Sandberg instituut. Door kwaliteiten van humor en performance te hanteren, manifesteren zij hun geloof in het persoonlijke en reflecteren ze op aspecten als het 'drama' in het leven en alledaagse banaliteiten. Ze werken vanuit Amsterdam en Antwerpen.

DRAWSWORDS (NL)
Drawswords is the Amsterdam-based graphic design practice of Rob van den Nieuwenhuizen. Before graduating from the Royal Academy of Art's graphic design programme, he also graduated from the Eindhoven University of Applied Sciences majoring in creative writing and creative strategy and he studied Media and Culture at the University of Amsterdam. He works primarily for cultural institutions and the music industry, as well as for commercial clients. Besides that, he initiates projects of his own.

DRAWSWORDS (NL)
Drawswords is de grafisch ontwerpstudio van Rob van den Nieuwenhuizen. Voor zijn afstuderen als grafisch ontwerper aan de Koninklijke Academie van Beeldende Kunst in Den Haag, rondde hij een studie copywriting en creatieve strategie af aan de Fontys Hogeschool in Eindhoven en studeerde hij Media en Cultuur aan de Universiteit van Amsterdam. Hij werkt voornamelijk voor culturele instellingen en de muziekindustrie maar ook voor commerciële opdrachtgevers. Daarnaast initieert hij zelf projecten.

ANGELICA GOYENECHEA JARAMILLO TEAMED UP WITH FOUNDLAND
VIDEO INTERVIEW, 15 SEPTEMBER 2011

Why did you choose to put this message on the poster?

Angelica: Since I moved here, the way people from foreign countries are treated has become very harsh. In 1997 no-one dared to say anything for fear of being labeled a racist, now it's the opposite: if you don't agree with something you can go back to your own country... we need to find a balance. 'My' designers (Foundland) wanted to know what I think of this, my deepest feelings about this, from deep in my heart. But should those heartfelt notions be put in writing...? I've had enough, of the PVV (Dutch political party), who make foreigners the scapegoat for everything that is bad in this country. Because, frankly speaking, we are in more trouble than the board members of a bank. Those are the criminals, not the woman who wears a burka or a few young people who are discriminated against and don't get jobs because their name is Achmed or Mohamed. When I came to live here it didn't matter where you came from, you weren't discriminated by the bouncer at a pub. But in 2011, that does happen. People are turned away at a bar because they have a different skin colour. A colleague said for example recently 'I don't hate foreigners but...' and I was sitting right next to them! '...but I mean those with dark skin.' And then you think 'what am I doing here?' I was shocked. She said 'it's not you, it's those with dark skin.' If I reacted the way I would do so on the street, I would say 'What are you doing?!' But you're at work, so I didn't say anything, there's no point. How can you: think before you speak! Look in the mirror, just once, please! Duh! I just don't understand.

Did you realise while making the poster that it would be shown to the whole of Eindhoven? Did that allow you more room? Or did it make you very aware of what you put on it?

Angelica: No, to be honest it is one of the few real chances I get to say exactly what I want. What other people think doesn't matter. It is fine if someone sees it and says 'Stop this madness.' If people are stimulated to think more as a result of seeing the posters, then that's great. I'm not going to change the world with a poster. Or perhaps I am, maybe one or two people.

Has this project refined your opinion about what design can achieve or about how communication in the public space affects our culture?

Angelica: I've never had any contact before with autonomous design. I come more from an applied design perspective. When I received the invitation to work on this project it felt like 'finally, finally something different to what I do every day.' People who look at design in a completely different way. At work I think about commercial viability to sell things to people, but that is not all that design has to offer to society. Designers can also contribute to a better society or stimulate people to think or to question.

Do you think there should be a place in the public arena for the citizen's opinion?

Angelica: Yes of course. You know what I'm reminded of? Those people in London who stand on a chair and complain about the government. We need that kind of place. Where people can shout 'I hate my mother!' or... the tax authorities, or 'My husband is annoying me', or 'Why are there people like Barroso in the European parliament?' through a megaphone. That would be good. Perhaps not every day, perhaps once a month or on New Year's Day.

FOUNDLAND TEAMED UP WITH ANGELICA GOYENECHEA JARAMILLO
VIDEO INTERVIEW, 15 SEPTEMBER 2011

How was the collaboration with your resident of Eindhoven, Angelica?

Ghalia: When you meet someone for the first time you discover what they think and do, what her observations about society are, where she lives and her surroundings; as a designer you have to get to the bottom of what that person means precisely.

Lauren: Angelica is from Mexico and has lived here since 1997. It was an interesting experience for her to come to live in the Netherlands as an outsider and to build up a life in a new country. That's why we understood her well, because we have a comparable background.

What are you trying to achieve with the poster?

Ghalia: The relationship between Dutch nationals and foreigners is an important theme for Angelica: the stereotypes that Dutch have about foreigners and vice versa. How that affects her relationship with other Dutch people in her work or with neighbours. And also with opportunities for employment: foreigners have difficulty finding work in the Netherlands. Of course the question is, is this something global or is it just the Dutch?

Lauren: Angelica has a lot to say about many topics, in particular Dutch politics. We want to translate her vivacious personality to the poster, use her as an expert in Eindhoven, in a way that is understandable for a broad audience. Even though she is not Dutch, she sees herself as a 'true Brabander' (province in which Eindhoven is located).

Ghalia: We found it very important to bring Angelica's opinion into our work and design. She works as a desktop publisher for commercial clients. The organisation she works for, what is the acronym?

- Sligro.

- We looked at it. They have a particular way of communicating aesthetics to a large group of people, which is really different if you compare it to a sort of NGO, so we found it really important to incorporate the imagery, which Angelica works with into our work.

What do you think about communication and the public space?

Lauren: Our public space is overfilled with advertisements. People have a limited view of who they are in the public space, so it is a challenge to bring something to the public space, which does not have a commercial message, but does intrigue you, that plays visually with those elements, which are usually used for advertising.

Ghalia: We have to realise that reaching the public has become more difficult because there are so many images on the street, both commercial and cultural. Foundland works primarily for cultural institutions. It would be great if there were also cultural projects with budgets, so that we could earn money on those projects too. I think it is an interesting question, which everyone in the cultural sector is asking. Ultimately, you're also just a person who has to send invoices and pay for things. So where is the balance?

With all the cutbacks in culture, art, design and creativity are forced to focus on making money and I think that's a pity.

Do you think there should be a place in the public arena for the citizen's opinion?

Foundland: Yes of course there should be space for that! That is one of the important functions of the public space, but in my view it does not happen enough, everything is filled with commercial messages with the goal of selling something. The function of the poster has changed; it is used as an element of various media. The poster is a link to a website, a film or a tv commercial. That's why the message on commercial posters, which has to be understood in the space of one or two seconds, is often much too vulgar.

JOS POORTMAN TEAMED UP WITH COX & GRUSENMEYER
VIDEO INTERVIEW 15 SEPTEMBER 2011

What did you contribute to be integrated into a poster?

Jos: I was raised a Christian, so I grew up with an awareness of the existence of a God. I get the feeling that even people who are not Christian can find a power outside of themselves. I think people are looking for that: society is increasingly individualistic and people have to fend for themselves. For me, a God exists who loves people, but for others that could be another person or humanity itself. That is what I want to express — together with the designers.

Did you realise during the process of making the poster that it would be seen by all of Eindhoven? Did that allow more creative space, or did you have to rein yourself in?

Jos: Yes, I am very aware of the fact that many people will be exposed to my opinion. I don't want to just provoke people and dictate that 'the way I think is THE way and I insist that you all think the same way I do'. Eindhoven is the platform here, but it could have been the whole world, because my view is to help others. Not to dictate, but a real attempt to allow people to find happiness; the way they do that is of course up to them... When I walk down the street and see the poster with my message and own opinion, then I hope that I can feel a certain pride and can say 'yes, that is what I want to share with society', really to help. At first I was quite tense, because it is something very personal that I'm sharing, exhibiting to everyone.

How does it feel to see a designer making a poster with your deepest feelings?

Jos: It is strange, because you can never fully explain what is in your own mind. What a designer produces is always something else, and on one hand this is frustrating: 'is this good enough and does this accurately express what I want to say', but at the same time it is also enlightening in terms of the view you have of your own opinion: you get a clear view on how your opinion is perceived by the outside world. The difference is extremely educational and insightful. It causes you to continue to work on your own vision, you evaluate your own opinion, it is really interesting to see how someone else gives shape to what is in your own head.

Has the project refined your opinion about design or what design can do as a means of communication in the public space?

Jos: We are still in the middle of the process, the posters haven't been put up yet. As soon as they are, we'll see the reactions. It might be that society is so touched by a message that it has noticeable consequences... I do know that design has an impact on what people think about things, for example in how news is conveyed or the way in which people and companies present themselves. I am convinced that this can have a positive or negative effect on people. During my architectural studies I learned that by being provocative or expressing an opinion too harshly, people become defensive and more introverted, which only leads to a decrease in their interest in the message. I have the feeling that people who try too hard and shout too loudly are undermining themselves, and get less attention that the people who present their message more subtlety and invitingly, stimulating people to reflect and follow their own path with their own curiosity.

Do you think there should be a place in the public arena for the citizen's opinion?
   Jos: I doubt whether that would be good, I wouldn't dare to create such a space, subtlety is very important. What happens if someone expresses their opinion provocatively (which seems to be possible in the Netherlands): of course we can all say what we think. If we all actually do so, it ends badly. A place where you are free to express your own opinion will more likely be a place where everyone is not free. I think one opinion tries to counter the other and that it quickly becomes extreme, that such a place would not be good, so I wouldn't even give it a try, no way.

COX & GRUSENMEYER TEAMED UP WITH JOS POORTMAN
VIDEO INTERVIEW 15 SEPTEMBER 2011

How was the collaboration with the citizen, how did you translate this to the poster?
   Lauren: We met Jos several weeks ago and the meeting was really pleasant, though it became quickly evident that Jos is very Catholic. This was something very new for us, because we are absolutely not. The communication was direct and quick and it became increasingly evident that we are very different, but the collaboration — or the match — was successful.
   Ines: Jos didn't want to have a strongly polarising message on the poster, he didn't want to come across as preachy or dogmatic. He wanted passersby to come to a realisation instead. 'Do you know what really annoys me sometimes?' he asked us. 'That people are always so busy busy busy.' A poster on the side of the road is a quick and fleeting medium, designed to be digested quickly. Jos' statement conflicts with the concept of a poster on the side of the road. It quietly became clear to us: 'ok, we have a platform here with a large number of posters in the centre of the city in a very visible location. How can we use this platform?' We placed a long piece of text from Jos about busy people on the poster in full: the book-like form hijacks the poster. From a distance it looks like a grey mass or noise, but from close up it is the story of a citizen. The text begins with a reference to Italo Calvino's book 'If on a Winter's Night a Traveller', where Calvino speaks to the reader in the prologue, describing the situation of the reader and trying to influence it, just as the poster tries to do.

Has the project changed your views on communication in the public space?

<u>Ines</u>: Yes of course, because it's about posters that are already part of the street scape, this project is a reaction to that. Communication in the public space is a huge topic. You communicate with the colour of your car, there are advertisements on the street, shop logos, colours of building facades, road markings. Of course we think about what it means as a designer to produce a poster and where its power lies. The potential you have to manipulate things in a particular way: to show things as they are, or what more often occurs, to show things as
they are not.

<u>Lauren</u>: To use this means of announcement, a poster in the city, for a personal message, which comes from the heart, is a difficult assignment, and definitely unfamiliar territory. I don't think posters
are the ideal medium for the expression of the voice of an individual citizen, because the format is intended to speak to the public directly and sell something.

Did this refine your views on what design can do as a means of communication in the public space?

<u>Ines</u>: As a designer you are a manipulator. You are a bridge between sender and receiver, how the message is understood is therefore to a large extent the responsibility of the designer. For this project it was important to think about how the medium of 'poster' influences us and how we can turn this around or change this.

Do you think there should be a place in the public arena for the citizen's opinion?

<u>Ines</u>: We are so surrounded by specific messages that the political action no longer lies in spreading the message, but far more in the manner in which you express something, or the way in which you move or live in that public space. By hijacking it, even. I think it's a good idea to question the method. The way in which this occurs should actually be designed completely differently. I understand that the individual citizen wants to express their point of view, but do people gain anything from the opinion of the average citizen? Is this not just very populistic? Don't we need something bigger? Something more fundamental?

JANE HARDJONO TEAMED UP WITH DRAWSWORDS
VIDEO INTERVIEW 15 SEPTEMBER 2011

Why did you choose what's on the poster?

Jane: The theme of our poster is silence, a very important topic for me. Since I moved to the Netherlands, I have lost a sense of silence. There is a lot of space in Australia, and many opportunities to find silence. I want to spread silence: how can you find silence in Eindhoven or the Netherlands?

During the making of the poster did you realise it would be shown to the whole of Eindhoven? Did that create space or limit you?

Jane: I don't have a problem with this theme and my name on the poster, without — or with very little — text. It is an important message, I don't think there is anyone who doesn't need silence, in my opinion it is a universal need.

What is it like to see a designer produce a poster based on your deepest feelings?

Jane: It was interesting to work with a designer, designing silence. We had to talk about silence, which is really a paradox, I think. I had also written a lot and that is a form of non-silence. Silence appeals to both of us, because both of us have a lot to say. I was also interested to see that his [Rob van den Nieuwenhuizen] first impulse was to create a poster about what silence looks like, and for him that was a dark hole, space or place. But for me silence is always white, light and vast. Because we are communicating about silence we didn't want to use any words on the posters, so the image had to be really powerful. If we are successful in creating a good poster, then it will express my opinion on silence...

Have you become more aware of communication in the public space and how it affects people?

Jane: I was surprised to see the choice Rob made for the direction our poster would take. It is about the Australian landscape. Since I have lived in Europe, I actually have a stronger relationship with Australia and the Australian landscape. I notice that when I go back, I feel lighter and more open and I experience more silence in my body and mind than in Eindhoven. That part of the experience with Rob made a deep impression. I find it a really interesting process to learn more about myself.

Do you think there should be a place in the public arena for the citizen's opinion?

Jane: I don't think my opinion is more important than that of others. My opinion is very peaceful, I don't want to convey a controversial message. My message of silence is really important to me, but if others want to express their opinions that's fine. A permanent means for people to express their opinions is fine too. It should be for everyone, not just for your own agenda.

DRAWSWORDS TEAMED UP WITH JANE HARDJONO
VIDEO INTERVIEW 15 SEPTEMBER 2011

How was the collaboration with Jane and how did this translate to the poster?

Rob: Jane is a child of Indonesian parents, who was raised in Australia and moved to the Netherlands. Our conversations were immediately about Australia and her perspective on the Netherlands. I thought it would be uninteresting or even clichéd to do something about her status as expat, because it is so obvious. She's taking part in a project with other people in which they go in search of everyday silence. I saw this as a much more interesting project, because it makes a nice contrast to all the loud shrieking of all the corporations, political parties and institutions which you see on the street. We wanted to see if we could find a way to express silence in the street scape. It quickly became a cliché again: empty posters, a white expanse, a black expanse, the word silence on the image, large print, small print. I didn't feel comfortable with it. Jane had written about Australia and the difference between here and there and the things she misses. She wrote a lot about the Australian landscape and the colours in that landscape; that the sand, the sky and the grass have different colours. That the landscape itself is so different. The shapes and colours are based on photos of her travels. But I used them in such an abstract way that you could never say 'that is a mountain' or 'that is a piece of grass'.

Did this experience refine your opinion about what design can do or how communication in the public space affects our culture?

Rob: I think that you always look at those issues as a designer. I've also had some questions come up about the project. I find the connection between various designer groups and citizens very interesting, but also a stereotype. You've got a religious type and an expat. Why didn't Onomatopee just ring the neighbours? I understand that the project also wants to make a political or a personal statement, but the reason for certain choices is not clear to me. But this also makes it interesting, because regardless of whom you select as designer and citizen, when you put them together, you always get an unexpected result. Perhaps there's no click at all between them, perhaps the individual in question just wants to sell their car or proposed to their boyfriend or girlfriend. You have to communicate with each other. I'm glad Jane didn't want to make some kind of political statement. I didn't either, that would just be too obvious.

I think we are aware of what we see on the street, of the posters and what they convey. You look at it more closely now. We have the instinct now to take a step back, because is the opinion of a citizen necessarily more interesting than that of a corporation? I don't think so. I think that neither of them are interesting, but at the same time they both are. The space is rented by companies and not by citizens. I think it requires a certain awareness, but doesn't necessarily create an awareness of itself.

How do you see communication in the public sphere generally?

Rob: I am aware that my perspective is different to the average person, because design is my profession. If a poster is 'ugly', I notice that I am less open to it, regardless of what is on the poster. As awful as I find it to admit it… I have an opinion about what it looks like, other people maybe don't have an opinion or are not aware of it. Communication in public space has become polluted. There are so many poster spaces, advertising, traffic signs and shop fronts, so much of everything. It is difficult to differentiate. Attempts are made to create specified areas where posters can be put up which (a) are noticeable and (b) are not so noticeable that they ruin the street scape, a paradox in itself. Sometimes there is a lack of responsibility about what you see and the care that is taken. In principle I don't really care what I see. When I see it, I form my own opinion. But from a professional perspective I do care, because it could be more considered, more layered, more precise.

Do you think there should be a place in the public arena for the citizen's opinion?

Rob: That is each person's own responsibility. I do not think that as a government you have to hang up a chalkboard for people to express their opinions on. Aside from the fact that no editing takes place, it would be rife with misuse, in my view.

I understand that a public poster space is out of the financial reach of the average citizen, but it is also probably not the most suitable place for the opinion of a citizen. Graffiti on a building or on stencilled posters like you used to see, is a perfect means of expressing your opinion. There are other options, that cannot be used by the advertising industry because they are illegal but which can be used by citizens. People have had that space for a long time, but they live in a framework in which they do not sense that space. And perhaps that's the problem. That it should not be facilitated, but attention brought to it. And whether it is allowed or not is not so pertinent in my view.

NEDERLANDSE VERTALINGEN

EEN SLAG OM GEZOND VERSTAND: LAAT MAAR KOMEN!

DOOR FREEK LOMME

"De drie centrale concepten van de econoom-filosoof Albert Hirschman zijn *exit*, *voice* en *loyalty*. In de context van burgerparticipatie betekend *exit* dat je stopt met participeren in de buurt of de medezeggenschapsraad op school zodra de situatie je niet meer bevalt. Bij voice gaat het erom dat je juist niet stopt met participeren, maar dat je overleg zoekt, gaat stemmen of via verschillende vormen van protest kritiek uit op de gang van zaken. *Loyalty* is een bemiddelende variabele die bij ontevredenheid *exit* remt en *voice* bevordert (Hirschman 1970, p.79). Maar *loyalty* kan evengoed wijzen op tevredenheid met de participatie en dus geen aanleiding geven voor *voice*, of deze kan zo sterk zijn dat burgers die ontevreden zijn over de participatie niet tot *voice* overgaan. In dat laatste geval blijven ze volharden in hun participatie, maar leiden ze in stilte (Dowding et al. 2000). Voor een goede, democratische verhouding tussen politiek, overheid, maatschappelijke dienstverleners en burgers zijn *exit*, *voice* en *loyalty* alle drie noodzakelijk. Het is belangrijk om voldoende mogelijkheden te bieden voor *exit* en om *voice* te organiseren, omdat loyaliteit voor burgers anders moeilijk op te brengen is, zo lijkt het."

TONKENS EN VERHOEVEN,
BRAVE BURGERS GEZOCHT, P. 260

De bovenstaande citaten zijn ontleend aan het in december 2010 verschenen boek <u>Brave burgers gezocht</u>; het jaarboek van het <u>Tijdschrift voor sociale vraagstukken</u>. Dit boek sluit naadloos aan op de motivatie voor het Onomatopee project 'The voice of...' waar ik gelijktijdig met het verschijnen van dit boek aan begon te werken. Ik kon me geen beter introductie tot dit project wensen; het pakt exact wat we willen agenderen. De door mij ervaren behoefte vind bij hen onderbouwing. In deze tekst wil ik graag aangeven welke aspecten we precies in werkelijkheid van het leven willen oppakken, hoe 'The voice of...' zich tot deze maatschappelijke realiteit verhoudt en wat zij probeert te katalyseren.

~~HET~~ VOLK

Waarom wordt er altijd over HET volk gesproken? Intellectuelen zeggen dat wanneer ze hiervoor voldoende redenen bedacht hebben, politici zeggen dat om hun beleid over mensen te kunnen voeren en mensen zeggen dat wanneer ze veronderstelde eigenschappen van 'mensen' willen aankaarten.

Mensen spreken over 'HET volk' om te roddelen. Wanneer ze met andere mensen roddelen over HET volk proberen ze grip te krijgen op de positie van zichzelf en die van andere mensen. Er zijn veel mensen. Daarom is roddelen, op elk niveau, zo belangrijk. Het gebeurt.

Het is echter roddel en geen informatieuitwisseling op basis waarvan we kunnen zeggen 'zo is het'. Het is niet, het gebeurt want het verandert, is onvolledig, is vergeetachtig, is emotioneel, is gekleurd. "Democratische politiek", zo bespreekt sociloog Rudi Laermans het werk van filosoof Laclau[1],"vereist de constructie van een 'volk' op basis van één of meer lege betekenaren alsmede een antagonisme tussen 'wij' en 'zij'..." Waarmee hij in effectieve maar stugge taal stelt dat we ankers of grip nodig hebben om onze mening te kunnen opbouwen. Die kunnen we vervolgens op de politieke agenda zetten. Het gaat dan niet zozeer om een traditionele klassenpolitiek, maar simpelweg om taal waarmee we onze omgeving in hokjes duwen en hanteerbaar maken.

'GEWOON, DAT IS AL MOEILIJK GENOEG... EN DAN HEB JE VERDOMME OOK NOG DAT ONGEWONE'

Een samenleving heeft een gemeenschappelijk referentiekader nodig. Dit wordt gevormd in een 'collectief geheugen' van gedeelde herinneringen. Dit manifesteert zich wanneer we elkaar begrijpen, elkaar 'verstaan', zonder daar (lang) over te hoeven lullen. Volgens Frits Bolkestein omvatten de waarden van onze wortels een joods-christelijke traditie, het liberale en democratische gedachtegoed en de verlichting.

Punt is nu dat deze waarden in alledaags leven nooit helder zijn. We nemen ze voor aanwezig, ervaren een onuitgesproken verbond van waarden met anderen maar expliciteren dit nooit. Maar goed ook; telkens alles moeten bespreken schiet niet op.

Desalniettemin zal een fundamenteel verlichte geest zich veeleer laten leiden door een 'juiste redenering', in plaats van door een weinig bewezen stelling die het gezond verstand hem influistert, wellicht bij monde van een boerenlul. Anderzijds zal deze verlichte geest zo'n enorme drookloot zijn dat veel mensen slappe kak krijgen van zijn geleuter. Eveneens is de boerenlul met grotere waarschijnlijkheid een persoon die sociale spanningen met geweld zal oplossen... Ieder van ons heeft de stem van de rede op zijn ene schouder, die van gezond verstand op de andere. Naast rede en verstand komen er veel argumenten van buiten onze eigen besognes en directe relaties; er is ook zo iets als het ongewone wat de huiskamer gewenst en ongewenst binnenkomt. Gewoon doen is dus al moeilijk genoeg.

> "In a first approximation, the everyday is what we are first of all, and most often: at work, at leisure, awake, asleep, in the street, in private existence. The everyday then, is ourselves, ordinarily. In this first stage, let us consider the everyday as without a truth proper to itself: our first move then will be to seek to make it participate in the diverse figures of the True, in the great historical transformations, in the becoming of what occurs either below (economic and technical change) or above (philosophy, poetry, politics). Accordingly, it will be a question of opening the everyday onto history, or even, of reducing its privileged sector: private life."
> MAURICE BLANCHOT, THE EVERYDAY, 2008, P. 34

SUBJECTIVERING

Er zijn drie typen mensen genoemd: de stugge rationele vogel die graag aan een hoge cultuur vasthoudt, de directe maar lompe boerenlul met gezond verstand en je hebt vreemde vogels die raar doen en rare ideeën hebben; denk aan dames in burka die op straat vreemd aandoen of denk aan de rare kunstenaar in de familie. Daarnaast heb je een 4e type: de brave burgers: o.k. geschoold, netjes aan tafel, degelijke hypotheek, etc.

Ondanks dat de overheid en commercie graag een mensbeeld presenteert dat aansluit bij de idealistische beloften van een burgerlijke samenleving: mensen zeker van werk, inkomen, vrije tijd en keuze; kortom een specifieke bandbreedte voor huisjes, boompjes en beestjes, zijn er eigenlijk maar weinig mensen waar niets aan afwijkt. Achter elke deur, zo leren TV-programma's als Man bijt Hond en De Rijdende Rechter, is wel wat raars. Ook dat weten we wel; we gaan allemaal op bezoek bij vrienden, kennissen en familie waar, achter de voordeur, vreemde dingen plaatsvinden.

Er wordt een idee van collectieve identiteit geschapen doordat dit mensbeeld, wat bij deze identiteit hoort, telkens opnieuw in allerhande communicatie aan ons wordt gepresenteerd. Zo nestelt ze zich in ons collectief geheugen.

Vroeger was dat o.k.: toen was de burgerlijke samenleving immers een samenleving waarin de rechtsprekende, uitvoerende en wetgevende macht onze emancipatie garantstelden; het ging over waarden. We handelden behoedzaam, vertrouwend op dat regime.

Nu leven we in een samenleving waarin de overheid zijn handen van de burgers wegtrekt. Opeens is het onze plicht voor onszelf op te komen, om 'gewoon te doen'. Opeens is er geen autoriteit op wiens waardenmanagement we mogen of kunnen vertrouwen.

Ondertussen is er nog wel dat ideaalbeeld van een leven in een burgerlijke samenleving. Aldus bepalen we onze positie tussen de zekerheid van dat voor ons bepaalde ideaalbeeld dat ons oproept tot een 'burgerlijke plicht' en staan we voor de onzekere uitdaging hoe hierin autoriteit en integriteit te vinden.

> "We live in a culture in which the media image is so poundingly negative, so caught up in a closed loop of reporting on crisis, conflict and violence, that any counter-prevailing examples and ideas are simply not part of the story. What results is a completely skewed portrait of our current circumstance. When faced with relentlessly negative images, it is no wonder that people get defensive and become convinced the world is more violent than it has ever been, even if that is simply not the case."
> BRUCE MAU, DESIGN ECOLOGIES, P. 16

In deze beeldcultuur waarin ons een conservatief beeld van een burgerlijke cultuur wordt geprojecteerd door een culturele macht, zijn we zoekende naar onze eigenheid: 'wie ben ik', en onze plek 'hoe sta ik in de maatschappij'. Opeens zijn er enorme hoeveelheden zwevende kiezers en spreken we van een 'postpolitieke' maatschappij. Het beroep op fatsoen en gezond verstand is logisch: we moeten onze plicht als gewone mensen niet verzaken.

Anderzijds is het "uiterst waardevol om te handelen op grond van rationeel begrip, maar zelfs als wij er in zouden slagen causale verklaringen te vinden (wat ons hoogste doel zou zijn), worden we toch alle kanten op geslingerd door de toevallige associaties van onze verbeelding", zo citeert literatuurwetenschapper Yves Citton de misschien wel grootste filosoof uit onze 'nationale joods-christelijke traditie', Baruch Spinoza[2].

'OPSTAAN!' EN/OF 'BLIJVEN STAAN'?...

> 'Gelukkig staan we op; weigeren we onze plicht te verzaken': er is "…een type amateur dat zich gevraagd en ongevraagd mengt in uiteenzettingen van experts en domeinen betreedt die voorheen voor hem afgesloten waren. Het gaat dus om een amateur die druk uitoefent op de professional en diens vertogen en hem zelfs van zijn voetstuk dreigt te gooien"
> SEIJDEL 2010, P.13

Vandaar dat, nu de professional wordt bedreigd, de verlichte geest eveneens wordt bedreigd. Zijn hoge cultuur staat namelijk ter discussie. Plotseling is de zogenaamde 'redelijkheid' verworden door een publiekelijk gepropageerde 'gezond verstand fatsoen norm'. Plotseling is het hoog cultureel ethisch discours dat sturing gaf aan wat goed en slecht is om te doen, overgenomen door de vingerwijzing van de boerenlul die op basis van 'gezond' verstand zegt 'dat moet je (niet) doen'. Natuurlijk is dat effectief: het scheelt veel tijd en scheelt veel geld. Het sluit echter een stukje open gesprek en mogelijkheid uit. Daarmee is de burgerlijke cultuur die vorm krijgt door het daadkrachtig naleven van plichten, een cultuur van niet lullen maar poetsen. In deze cultuur is de brave burger, de jaknikker, de ondernemer of de boerenlul aan zet. De eigenzinnige burger, die niet zo maar alles accepteert of weerstand biedt en de marginale burger, met afwijkende manieren van doen, worden aan de kant geschoven. De eigenzinnige burger vraagt te veel inspanning en dus te veel tijd en levert daarmee geen rendement, zo wordt 'effectief' geredeneerd.

> "In het zoeken naar brave burgers is het risico groot dat de overheid vooral het belang van voice uit het oog verliest. Niet alleen in de zin dat ze niet luistert naar wat burgers bezielt (Hurenkamp et al. 2006), maar bovendien dat ze kritische, dwarse en eigenzinnige burgers niet op waarde weet te schatten. Dat ze meent dat burgers die niet mee willen doen, mee willen praten of mee willen denken, geen goede burgers zijn."
> TONKENS EN VERHOEVEN, BRAVE BURGERS GEZOCHT, P. 267

Ondanks dat iedereen aan boord moet om zijn burgerlijk plicht uit te oefenen, wordt er vooral een groot schip uit de grond gestampt door degene die er op zitten. Boven het schip en zichtbaar vanaf kade en achterland hangen grote borden en flatscreens die de burgerlijke droom propageren; het is geen schip dat vaart op autoriteit—dat moet je verdienen—maar een schip dat bouwt op macht—dat neem je. Niemand op het schip gunt de mensen aan wal, laat staan die in het achterland, ook maar een blik: zij praten als de beste stuurman maar 'verdienen' uitsluiting.

> "De vraag is nu of een kabinet dat regeert op de golven van maatschappelijke humeurigheid, boosheid en wantrouwen voldoende aandacht zal hebben voor de brave en eigenzinnige burger. (...) Een dialoog met actieve burgers valt van het kabinet Rutte[3] dus niet te verwachten; instrumentalisering van participatie des te meer"
> TONKENS EN VERHOEVEN, BRAVE BURGERS GEZOCHT, P. 267

GEZOND VERSTAND: LAAT MAAR KOMEN!

Het is voor de grote schare aan individuele burgers enorm moeilijk om hun stem te bespreken. Dat 'gebeurt niet zo maar', dat 'schiet niet op'. In de eerste plaats geldt dat voor de meest belachelijke van allen: de kritische kunstenaar en kritische dichter. Die worden zelfs als nar niet meer getolereerd tenzij ze preken voor HET volk. Die geldt even zo hard voor de werkelijk marginale; de pedoseksueel die het land door wordt gejaagd en de persoon onder de burka (is het een vrouw?) die wordt weggehoond door de boerenlul zonder dat ze door de verlichte criticus om redelijke argumenten wordt gevraagd. In mindere mate geldt het ook voor een zwevende kiezer die niet mag twijfelen om tot reden te komen en zo kort wordt gehouden; kunstmatig een brave burger blijft. In alle gevallen blijkt dat een burgerschap, gevormd door burgerplicht, keihard uitsluit. Dit maakt een democratisch tekort zichtbaar. Sterker nog, wanneer je eigenzinnige mensen niet erkent en het gesprek uitsluit, wordt de kans op demagogie groter. Dit signaleert niet zozeer een tekort aan respect voor 'moeilijk-doenerij' en oeverloos geouwehoer, het is veeleer gebrek aan respect voor de humanistische en verlichte traditie die we hier kennen. Het is een liberalisme van de markt maar niet een liberalisme van ons. Het burgerschap wat we mógen dromen is een marktconform burgerschap waarin direct rendement in krachttermen verleidt en ons hapklaar wordt opgediend: wie durft dat te laten staan.

> "Voice geven is een vorm van regeren door burgers, die daarmee de democratische aard van de praktijken waarin ze verkeren proberen te corrigeren, te verbeteren of trachten die totaal van aard te veranderen. Dat kan gebeuren door brave burgers als zij daartoe in staat worden gesteld, maar speelt zeker ook een rol bij dwarse burgers die zelf bepalen wanneer ze de overheid voice geven."
> TONKENS EN VERHOEVEN, BRAVE BURGERS GEZOCHT, PP. 260–268

Laten we de vrijheid nemen onze eigen droom te dromen, zonder direct rendement maar als vrij mens in een samenleving van vrije mensen, noem het 'democratische samenleving' als nader uit te werken begrip.

Noten
1 Rudi Laermans, Open 20, 2010, De populistische Verbeelding, **p. 73.**
2 Yves Citton, Open 20, 2010, De populistische verbeelding, **p. 61.**
3 De eerste liberale Minister-president in decennia. **Begon in 2010.**

Literatuur
- Johnstone, S. (red.) (2008). The everyday. London: Whitechapel Gallery and MIT Press.
- Oudenampsen, M. & Seijdel, J. (red.) (2010). OPEN#20 De populistische verbeelding. Rotterdam: NAI publishers.
- Seijdel, J. (2010). De waarde van de amateur. Amsterdam: Fonds BKVB.
- Tilder, L. & Blostein, B. (red.) (2010). Design Ecologies. New-York: Princeton Architectural Press.
- Verhoeven, I. & Ham, M. (red.) (2010). Brave burgers gezocht. Amsterdam: TSS, Tijdschrift voor sociale vraagstukken & Uitgeverij van Gennip.

VAN SCHULDIGHEID NAAR HOEDANIGHEID

DOOR PATRICIA REED

Ik weet wel beter, maar... Dit is misschien de meest veelzeggende slogan die onze T-shirts tegenwoordig zou kunnen versieren (of op milieuvriendelijke, ethisch geproduceerde katoenen, organisch gekleurde, door de biënnale gebrandmerkte, herbruikbare boodschappenzakken) wanneer de wijze waarop we ons tonen aan en in de wereld beweert om een soort van 'eerlijke' presentatie te vertegenwoordigen. Meer dan just-doing-it, is 'Ik weet wel beter, maar...' misschien wel de meest verenigende slogan van het passieve nihilisme geworden die bestaat in onze hedendaagse toestand – klassen, nationaliteiten, etniciteiten, geslachten, economische statussen, intellectuele posities en politieke oriëntaties overstijgend. Deze korte, schijnbaar onschadelijke slogan onthult een onderliggende en doordringende ontkenning waardoor het apparaat van spectaculair kapitaal in staat is om te functioneren. We mogen ons aangetrokken voelen tot verschillende goederen, producten en merk identificaties, maar wat ons écht verenigt is juist de drang om deel te nemen aan de snelle stromingen van circulatie die aan de basis liggen van onze consumptie. Onze situatie is des te interessanter, en perverser, omdat we ons allen bewust zijn van de valse mythologie die merken omgeeft, maar toch zijn we volhardend in ons gedrag – wat Slavoj Žižek, hiermee Freud volgend, noemt de zogenoemde 'ontkenning van de fetisjist'. Rationeel gezien, weet ik dat het typen van deze tekst op een blinkende MacBook Pro niet opeens mijn schrijfvaardigheden zal vergroten met een ongekende scherpzinnigheid, humor en techniek, maar toch voel ik me sterk aangetrokken om dit bepaalde goed te bemachtigen, vanwege de creatieve aura die er om heen hangt en de gepolijste styling mijn artistieke identiteit beoogt als een cultureel producent. Jawel, zelfs Žižek, onze Marxistische enfant terrible geeft toe aan deze hypocriete schuldigheid, niet in staat om te ontsnappen aan het spectrum van de ontkenning van de fetisjist, want laatst kocht hij een trendy iPad als geschenk voor zijn zoon, nadat de iPad juist op de markt was verschenen.[1] Wat dit grove, maar hopelijk uitermate herkenbare voorbeeld aantoont, is de gapende kloof tussen logisch redeneren en ons resulterende gedrag, tussen kennis en actie, tussen oorzaak en gevolg. 'Ik weet wel beter, maar...' is symptomatisch voor deze tegenstrijdigheid die wordt belichaamd in de aandrang die gedrag teweegbrengt dat niet is aangetast door een beredenerend rekenschap.

De crux van ons probleem ligt in de fundamentele scheiding tussen kennis en actie, wanneer we de alomtegenwoordigheid van het verzoek om steeds meer excessieve verlangens door middel van steeds subtielere en meer ontwikkelde manieren van merk associatie het hoofd willen bieden. Deze fundamentele tegenstrijdigheid is symptomatisch voor één van de essentiële problematieken van het mens-zijn an sich. Wij mensen zijn een aparte soort zonder definitieve omgeving, en we bestaan in een milieu dat grossiert in prikkels die losstaan van operatieve taken van vaste biologische finaliteit.[2]

De ervaring van onze wereld is altijd overvol, waardoor cultuur onze eerste natuur wordt. Cultuur wordt als ingeprent als een innerlijke biologie op de plasticiteit van ons zijn, en het beschermt ons tegen de vreeswekkende contingentie en onbepaaldheid van ons zijn-in-de-wereld.[3] Dat wil zeggen, er is geen biologische, antropologische, goddelijke, noch 'natuurlijke' orde van menselijke (co)existentie — en dat is misschien wel onze uiterste mogelijkheid, maar tevens ons grootste risico. Er is simpelweg geen handboek om cultuur te leren of te beoefenen, geen lijst van voorgeschreven imperatieven, cultuur wordt eerder waargenomen, doorkruist door ons, en regelt zo de volgorde van dingen, mensen, functies en plaatsen; in de taal van Jacques Rancière, door de distributie van het waarneembare.

COMMON SENSE

Binnen de distributie van het waarneembare, werken wijzen van leven, zijn en co-existeren door een bepaalde waarneembaarheid, maar zo dat het onwaarneembare wordt buitengesloten (in het Frans is de uitdrukking 'partage de sensible' waarbij partage iets aanduidt dat zowel wordt gedeeld, als opgedeeld). De toewijzing van rollen is gebaseerd op een bepaalde allocatie van ruimten, tijdelijkheid en wijzen van operatie die het gewone, of de topologie van het gewone, beschrijven, de zogenoemde sensus communis, en de manieren waarop individuen kunnen deelnemen in of binnen die distributie.[4]

De verdeling van het waarneembare installeert de relaties tussen de zichtbare en zegbare configuratie van de wereld waarin we leven, in hoeverre die waarneembaar is met onze zintuigen, of begrijpbaar is als zichtbaar. De sleutel tot deze bepaalde opvatting van cultuur is de fundering in esthetiek — esthetiek verwijst hier niet naar een hiërarchisch systeem van weergave in kunst, maar wordt eerder in verband gebracht met de Kantiaanse opvatting als simpelweg datgene dat met de zintuigen kan worden ondergaan.

Het spreekt vanzelf dat de gevoeligheid om te consumeren en deel te nemen in de ervaringseconomie onze contemporaine waarneming doordringt, onze waarachtige nomos, waar de toekenning van ruimtelijkheid in een steeds groter wordend aantal van 'publieke' ruimten wordt gereduceerd, zoals we weten, tot functies van consumptie. Ontelbare architecturale / urban studies onderzoeksprojecten, maar ook kunst en design projecten, verwoorden onze vervreemde toestand van ontkenning al enkele decaden — met de Internationale Situationisten als de (nog steeds) meest invloedrijke onder de critici van de kapitale / schouwspel matrix, maar zelfs in het midden van de negentiende eeuw, kunnen we Baudelaire's beklagende en poëtische reflecties herleiden tot Haussmanns beruchte herontwerp van Parijs (grotendeels geconstrueerd voor een opkomende Bourgeoisie en de zich ontwikkelende, geprivatiseerde marktplaats)[5].

Sinds de geprivatiseerde ruimtelijkheid werd ingeluid, en de dominantie van het marktethos op de massa's, is er sprake van een onverbiddelijke, systematische kritiek die hier parallel aan loopt.

MECHANISATIE VAN DE KRITIEK

Sommigen zullen beweren dat het inderdaad waar is dat de kritiek heeft gezorgd voor de snelle verspreiding van de institutie van de publieke sfeer sinds de Verlichting[6], en als dat het geval is, dan is de inzet van kritiek een trieste mislukking geweest of gebleken. Echter, we moeten niet al te snel zijn met te suggereren dat de kritiek heeft gefaald, integendeel, zoals denkers als Rancière en Bruno Latour hebben opgemerkt, is het project van de kritiek (in zijn onthullende en deconstructieve vermomming) juist uiterst succesvol gebleken. Het succes van een bepaald genre van kritiek dat gebouwd is op hardnekkige twijfel als de zogenaamde 'waarheid' achter de 'leugens' van de beelden, de donkere realiteit achter de pracht van beelden, of de legitimiteit achter empirische 'feiten', is totaal geïntegreerd in onze voortdurende onderhandeling met informatie in haar verscheidene vormen. Ooit verkondigd als een emancipatoir wapen tegen de heerszucht van koopwaar, of de autocratie van het wetenschappelijke 'tot-feiten-maken', staat de kritiek tegenwoordig in dienst van een tegengestelde, en soms zelfs gevaarlijke functie. In het geval van ongebreideld consumentisme, schildert de kritiek aanhoudend een wet van dominantie wiens kracht en alomtegenwoordigheid alles en iedereen in beslag neemt waarmee het in contact komt, zelfs antagonistische krachten, zodat "elk protest een spektakel wordt, en elk spektakel een handelsartikel dat een uitdrukking van betekenisloosheid teweeg brengt, maar ook een demonstratie van schuldigheid."[7] We zitten hier gevangen in de koppige klauwen van de ontkenning van de fetisjist (tevens symptomatisch voor linkse melancholiek), waar alle manieren van spektakeldeconstructie voortdurend de 'wet' van handelswaar onthullen, niet vanuit een impuls om de potentiële contingentie van deze zogenaamde waargenomen 'wet' te heroverwegen, maar deze wet juist te bevestigen. In het geval van de wetenschap, en haar tegenhanger in de social studies, wijst Latour op de manieren waarop de snelle toename van kritische twijfel ontaard is geraakt, tegen alle ratio in. In zijn essay Why Has Critique Run out of Steam? From Matters of Fact to Matters of Concern [8] citeert hij het debat rond de klimaatsverandering, en onderzoekt Latour hoe zijn eigen discipline die het wetenschappelijke 'tot-feit-maken' plaatst onder een sociologische / antropologische microscoop (de sociale contingentie van wetenschappelijke feiten) verstoord is geraakt door de private doelen van lobbygroepen. In een New York Times artikel citeert Latour een Republikeinse strateeg die stelt dat het publiek voortdurend twijfelachtige publiciteit moet worden gevoed rondom de sociaal geconstrueerde 'feiten' van de klimaatsverandering, om zo een modus van cynisch scepticisme bij het volk in te prenten. Hier zien we, openlijk, een toe-eigening van kritiek (de kritiek van het wetenschappelijke tot-feit-maken) niet ingezet om de sociaalwetenschappelijke instantiatie van 'objectieve' feiten te betwijfelen, maar eerder gemobiliseerd om bestaande, winstgenererende (non)reglementen te verstoffelijken. De kritiek is hier volledig toegeëigend binnen de verspreiding van het waarneembare—zodat Latour werd aangezet om de provocatieve vraag te poneren wanneer we deze conventies van kritiek als 'onthullend' opvoeren: "Zijn wij niet slechts mechanisch speelgoed dat eindeloos de zelfde beweging maakt wanneer alles rondom hen is veranderd."[9]

AGRAMMATICALITEIT

Als ons zogenaamde gereedschap van de Verlichting, werd de kritiek gezien als ons cognitieve licht tegen de donkere kolonisatie van het kapitaal van onze geesten, bedoeld om ons te bevrijden door middel van kennis over de 'waarheid', of 'realiteit' der dingen, en zo betere beoordelingen veroorzakend, en daardoor uiteindelijk betere acties. En, we hebben de les volledig tot ons genomen—eindeloze terugkeer desondanks tot dezelfde realiteit, of beter gezegd ons begrip van de realiteit, steeds weer—eerder een gegeven waarneembaarheid versterkend, dan de grenzen te herbepalen van datgene dat nog gegeven moet worden, het potentiële en niet-gegevene. Betekent dit dat iedere hedendaagse poging om kritisch te zijn hetzelfde lot beschoren is als de bevestiging van het spektakel, van de bevestiging van het (imaginaire) 'feit' van onze realiteit, zoals Latours mechanische speelgoed? Het antwoord is gelukkig een naklinkend nee. Door een interventie op de coördinaten van de gegeven, gewone orde der dingen in het harnas te jagen en politiek affectief te vertolken, biedt Rancière een bijzonder nuttig concept van 'dissensus' dat niet langer vastzit in het werk van uitgraven van oppervlakten, en illusies onthult of façades van zaken deconstrueert, maar juist werkt volgens het principe van het verzamelen en juist ont-werken van onze waarneembaarheid van de realiteit, en zo mobiliseert het juist dezelfde contingenties van de symbolisch opgebouwde orde (de distributie van het waarneembare).

Dissensus, opgevat volgens Rancière, is politiek; het is de botsing van waarneming en zin—een strijd tussen de distributie van waarneembaarheid en de manieren om daar zin aan te geven. Een esthetisch begrip van dissensual politics, vluchtig en fragiel als het mag zijn, werkt als een cruciale modaliteit waardoor een affectieve culturele praxis kan worgen opgesteld. Niet slechts een symbolische structurering van het gegevene onthullend of representerend, als in de nu omgekeerde functie van kritiek, maar de ondersteunende activiteit van het opnieuw bepalen van de esthetische raamwerken waarbinnen de gegevenheid van een bepaalde waarneembare rangschikking als zodanig wordt begrepen. Een uitstekend voorbeeld, een die de laatste tijd lijkt terug te keren in discussies over politieke affectiviteit, vooral binnen een specifieke richting van politiek denken dat de opvattingen van Deleuziaanse 'lines of flight' onderzoekt; komt van Herman Melvilles karakter van Bartleby de schrijver. Alhoewel verschillende vooraanstaande denkers Bartleby hebben geanalyseerd, waarbij zijn karakter het schoolvoorbeeld van passieve weigering werd, blijft zijn karakter nuttig wanneer we enkele van deze theses samensmelten om een portret te formuleren van een bestendig figuur vanuit verschillende hoeken van interpretatie, voortdurend op zijn acties om zo zijn specifieke proces van verzet te kunnen begrijpen. Bartleby's beruchte zin "Ik zou verkiezen het niet te doen" is wat Deleuze noemt een formule van 'geheime agrammaticaliteit'. De zin zelf is, natuurlijk, grammaticaal correct, maar in de bruuske stilstand van 'niet te', laat het datgene dat het verwerpt, ongedefinieerd. Zijn uitdrukking ('statement' lijkt te sterk hier) is noch bevestiging noch ontkenning, maar een "logica van negatieve voorkeur, een negativisme voorbij aan alle ontkenning."[10] Er is sprake van een logisch unworking of ontwerken tussen woorden en daden, tussen spreekdaden en de woorden op zich zelf, waardoor een wereld wordt gecreëerd van opgeschorte syntaxis—een taaldaad zonder referentie. Bartleby's on-daad verstoort de coördinaten van de normale gang van zaken in het kantoor van de advocaat, niet via een statement of negatieve weigering (bijvoorbeeld wanneer iemand plots & luidruchtig tegen zijn baas in zou gaan), maar iets veel verwarrenders (en meer opgehist) voor de actors die met de uitvoering van het werk belast zijn. Bartleby's non-actie is een strijd van de verdeling van het waarneembare van de wereld van de advocaat tegen wie hij spreekt; zijn 'agrammaticaliteit' ontwricht een bepaalde, en redelijke organisatie van leven en werk: "het versplintert niet alleen de hiërarchieën van een wereld maar ook datgene wat die wereld ondersteunt: de verbindingen tussen oorzaken en gevolgen die we verwachten van die wereld, tussen de gedragingen en de motieven die we toeschrijven aan ze en de middelen die we hebben om ze aan te passen."[11] Bartleby's formule overdraagt de ordes van 'operatief' zijn door middel van een agrammaticaliteit die de syntaxis van redelijke organisatie vernietigt. Door ontkenning, noch door bevestiging, opent hij een spanningsrelatie tussen de tegengestelde toestanden van 'ja' of 'nee'. De zijne is een herhaalde radicale uiting, Bartleby's formule, is niets minder dan een verordening van de fundamentele contingentie van de 'redelijke' operaties van dingen, een verstoring van de grammatica van het gegevene.

Bartleby's formule is niet, in de gebruikelijke zin, formulaïsch—er zijn geen vergelijkingen of systematische methoden om dit soort ontwrichtende 'agrammaticaliteit' voort te brengen. Als deze formule inderdaad formulaïsch zou zijn, dan zou deze verworden tot slechts een regel, een bepaalde taak die moet worden vervuld ten einde verzet op te voeren—de paradox is natuurlijk dat wanneer deze formule in het domein van de virtuositeit van goed bewustzijn (een moreel getinte taak) zou vallen, dan zou het ophouden om welke weerstand dan ook te kunnen bieden—de bestendige krachten zouden al zijn ondergebracht binnen een nomos van gedrag. Dat is precies waar culturele critici, of het nu ontwerpers zijn, denkers, kunstenaars of wie dan ook die zich willen in laten met ideeën van weerstand tegen de gegeven orde der dingen, een voorbeeld aan zouden moeten nemen. Het veld der weerstand is dramatisch veranderd, van de eens effectieve vormen van massabijeenkomsten georganiseerd om een bepaalde afbakening te onderhandelen, onrechtvaardigheid of de richting van het sociale, deze vormen zijn sindsdien volledig gereguleerd geworden, vaak in quarantaine geplaatst binnen zeer gecontroleerde zones van ontkenning—zoals binnen de op paradoxale manier aangeduide 'protest zones', of 'zones van vrije meningsuiting'. Iets veel fantasierijker moet vorm krijgen wanneer we affectief weerstand willen kunnen bieden, en het is precies op en binnen deze coördinaten van de gewone operatie der dingen waar de contingenties van de distributie van het waarneembare gedemonstreerd kunnen worden. Bartleby's formule is een voorbeeld met een open einde, want het vraagt voortdurend herontdekking van diegenen die een echo van Bartleby's 'geheime agrammaticaliteit' willen opvoeren. Wat echter steeds een voortdurend voorkomende kracht is in de verontrustende hoedanigheid van Bartleby, is een fundamentele trouw aan de uitvoering van agrammaticaliteit, en hier kunnen we over zijn performatieve ethos als zodanig gaan onderhandelen.

DISSENSUS EN ETHIEK

"Je moet het gebied van de moraliteit stap voor stap reduceren en beperken: je moet de namen van de instincten die daadwerkelijk werkzaam zijn nadat ze zo lang zijn verscholen achter de hypocriete namen van de deugd aan het licht brengen en eren…"[12]
NIETZSCHE

Het eerste onderscheid dat we moeten maken wanneer we ethiek behandelen, is naar mijn mening het verschil met moraal, met moraliteit per se. De manieren waarop de termen tegenwoordig inwisselbaar lijken, is op zich al problematisch, wat er toe heeft geleid dat verschillende denkers een zogenaamde 'ethische wending' betreuren, waaronder Rancière, maar ook de kunstcritica Claire Bishop, vooral in haar kritiek op relationele esthetiek. Wat beiden een 'ethische wending' noemen is in feite een 'morele wending' en eigenlijk hebben hun klachten een systeem van ethiek nodig om effectief te kunnen zijn. Bishop, aangezet door Rancière, wordt moe van de wending die kunstkritiek heeft genomen, die niet de materialiteit van een werk beoordeelt (noch de kwaliteit van de sociale relaties geproduceerd door het werk), maar eerder de trouw van de auteur aan een standvastige norm van identiteitpolitiek, namelijk "…respect voor de ander, herkenning van het verschil, bescherming van fundamentele vrijheden, en een onbuigzame vorm van politieke correctheid".[13] Haar argument ligt in de beoordeling en verwoording van kunstwerken die dominante liberale doctrines van denken handhaven, om kort te gaan, juist die waarden handhaven die inherent zijn aan een bepaalde verspreiding van waarneembaarheid. Bishop's 'ethische wending' is in feite een 'morele wending' wanneer we kijken naar het onderscheid tussen moraal en ethiek volgens Foucault, waar ethiek ontstaat wanneer er geen taken meer te vervullen zijn in de wet van menselijke (co)existentie, terwijl moraal, zoals opgevat door Foucault, een stugge en "voorschrijvende code [is] die men verplicht is te volgen."[14] Het klaaglied van de modieuze 'terugkeer der ethiek' komt voort uit de samensmelting van een genormaliseerde opvatting van 'het goede' met feiten, gebaseerd op een onvoorwaardelijke acceptatie van de waarden van 'goedheid' die onze waarneembaarheid van het sociale doordringen, van wat we zijn gaan begrijpen of zijn gaan zien als het gemeenschappelijke 'goed'. We leggen de lat nog wat hoger: buiten de zeepbel van de kunst/design wereld ligt, wat betreft de consequenties van een door de moraal bepaalde rechtvaardigheid van de universele 'wet' van bepaalde waarden, in feite de directe militarisatie van zulke waarden. Niets spreekt het geweld van deze verstarde deugd van 'goed-heid' meer aan dan de inzet van militaire strategieën onder de vermomming van de verspreiding van zogenaamde democratische waarden, en een 'markt moraal' wereldwijd (zo worden zulke strategieën ten minste gebrand en moeten ze doorgaan voor legitiem en zelfs in beperkte mate als filantropisch, voor het grotere publiek).

VERBEELDINGSVERMOGEN EN HET GOEDE LEVEN

Ethiek, wanneer het zo breed wordt opgevat als in dit korte relaas, kan worden samengevat als een voortdurende zoektocht naar het goede leven[15], zo Aristoteles' onderscheid onderschrijvend tussen 'het naakte leven' waarin mens-dieren worden geboren, en het 'goede leven' (eudaimonia) als datgene dat geboorte geeft aan de polis en die vereeuwigt, en dus, politiek. Sommige denkers zoals Rancière zijn tegen deze binaire categorieën als uitgangspunt, omdat deze verschillen op zich al verbonden zijn met de distributie van het waarneembare en niet als een 'feit' van (co)existentie kunnen worden gezien. Of deze categorieën nu 'feiten' zijn of niet, is naar mijn mening irrelevant, omdat een discussie over de ethiek van het 'goede leven' vervalsen, volledig gerelateerd is aan de a priori contingentie van menselijke (co)existentie, dat vormen van organisatie, uitwisseling en co-existentie anders kunnen zijn; dat wat ons voorkomt als standvastig en onveranderlijk grotendeels een probleem is van het verbeeldingsvermogen zelf. Betekent dit dat ik naïef genoeg ben om te geloven dat we onszelf simpelweg weg kunnen dagdromen van de last van de koopwaar cultuur en de ervaringseconomie? Zeker niet. Wanneer we de vraag rond het verbeeldingsvermogen door de lens van Kant bekijken, dan kan het verbeeldingsvermogen worden gezien als een symbiose tussen het waarneembare en het intellect dat iemand in staat stelt een conceptbeeld te produceren van datgene dat niet direct wordt gerepresenteerd. Zulke beeldconcepten worden mentale schematieken—zoals wanneer ik zeg 'blauwe tafel', iemand direct een mentaal beeld van blauwheid en tafelheid bezit, waardoor een vorm van gemeenschappelijke communicatieve grond mogelijk wordt. Binnen de wereld van tafels en kleuren mag dit misschien een banaal voorbeeld zijn, maar de lat wordt al een stuk hoger gelegd waneer we onszelf gaan bevragen over schema's van (co)existentie an sich. Het is van belang dat in een onderzoek uit 2003 naar de werk- en leefomstandigheden van zogenoemde 'kritische culturele producenten' (die bekend zijn komen te staan als het 'precariaat') wanneer hen op de man af naar hun respectievelijke visies op het 'goede leven' werd gevraagd of naar andere vormen van organisatie, niemand een antwoord had[16], zelfs onder diegenen die deel uitmaken van een culturele elite. Vanuit deze positie van een dominant gebrek aan andere denkbeelden over wat mogelijk verstaan zou kunnen worden onder het 'goede leven' kan een ethiek van dissensus worden geplaatst.

Als ethiek in het algemeen inderdaad de zoektocht is naar een (vorm van het) 'goede leven' (het is hier belangrijk denk ik om 'een' in plaats van 'het' te gebruiken omdat de opvatting van een 'goed leven' niet universeel geldig is), heeft Simon Critchely gepostuleerd dat een ethische positie voortkomt uit een gevoel van een vraag—een vraag die niet objectief gegeven is, maar desondanks is geïnternaliseerd als een sentiment, een vraag die wordt gevoeld. Een systeem van ethiek ontstaat als voortkomend uit deze vraag, maar alleen wanneer het zelf in staat is om zichzelf volledig te binden aan de waargenomen vraag—het zelf moet absoluut trouw zijn aan deze vraag rond een waargenomen orde om zodoende een ethische handeling te kunnen laten voortduren.[17] Hier kunnen we getuige zijn van de exemplarische ethiek van Bartleby met zijn ontploeterende verplichting jegens de performatieve gebeurtenis van een radicale agrammaticaliteit, met zijn compromisloze trouw aan het gevolg of de gevolgen van zijn uitlating.

De ethiek van dissensus kan enkel affectief zijn binnen de trouw aan een gevolg van zijn articulatie. Als een esthetisch gevolg, werkt dissensus op de verbeeldingen richting het smeden van andere schema's, of mogelijke ordening door een botsing van waarneming en gevoel—een steunpilaar met gegeven betekenissen en orde der dingen. Dissensus verontreinigt het verbeeldingsvermogen—een aanraking van de zintuigen, opent het de mogelijkheid om iets anders te ervaren, werkend op de kneedbaarheid van onze vormen van (co)-existentie. Deze zijn niet noodzakelijkwijs revolutionair, grandioos of onmiddellijk paradigmaveranderende gevoeligheden, maar werken langzaam richting de waarneming van andere modaliteiten van resideren, en ont-werken de deugden van modaliteiten die al geschematiseerd zijn. Dissensus was niet door Rancière bedoeld als een bijzonder ethisch systeem, maar desalniettemin vraagt het een zekere en oprechte toewijding aan de gevolgen die het tegen zich in het harnas jaagt, en daarom neemt het ethische kenmerken aan van de trouw aan het waarnemen, uitvoeren en voorstellen. Hier komen de ideeën van Nietzsche naar voren met zijn systeem van ethiek zoals geschetst in zijn Will to power, bekend als virtù ethiek. Net als de esthetische articulatie van dissensus, die de contingentie van de orde der dingen test en aantoont; en die dingen, mensen, plaatsen en situaties die zijn uitgesloten van de distributie van waarneming, noemt virtù "aandacht voor de overblijfselen van een systeem, voor de aandrang, wreedheden, bedrog en inconsistenties, of deugd als een systeem van waarden."[18] Zo'n ethiek is niet slechts negatief, of kritisch in de zin van de vinger op de zere plek leggen, noch neemt het de geest van het enfant terrible aan, maar het kijkt juist naar esthetische, of experimentele ontwrichting als een vorm van het herschrijven van de coördinaten van het gegevene.

Met de ethiek van virtù die een trouw aan het gevolg van dissensus aanduidt, kunnen we proberen het 'onvermijdelijke' passieve nihilisme te ontwerken door onze slogan waarmee we startten op te roepen: "Ik weet wel beter, maar..." Aan het begin vooronderstelde deze slogan ons lot van schuldigheid in de greep van de koopwaar machine en onze onweerstaanbare neigingen om de operatieve functies daarvan te bestendigen. Maar juist in deze slogan kunnen we onze eigen geheime agrammaticaliteit herwinnen, omdat in de ellips zelf, het "..." van literaire suspensie, een cruciale ondefinitie ligt, bij uitstek de mogelijkheid om een andere orde te articuleren. Onze voornaamste uitdaging als culturele producenten is om het potentieel van deze ondefinitie te begrijpen die wordt belichaamd door de ellips, waardoor de 'wet' van vooronderstelde schuldigheid wordt ontwerkt, waardoor deze schuldigheid wordt getransformeerd in capaciteit of hoedanigheid. Hoedanigheid is hier volledig niet-voorschrijvend, het glipt tussen de grenzen van een instructieve handleiding, een speculatieve hoedanigheid die andere distributies van zin kan articuleren, het verbeeldingsvermogen vervuilend in de voortgaande zoektocht naar en experimenteren met een goed leven, en niet langer een leven van slechts goederen.

Noten

1. O'Hagen, Sean. 'Slavoj Žižek: Interview', http://www.guardian.co.uk/culture/2010/jun/27/slavoj-zizek-living-end-times (11.09.2010).
2. Virno, Paolo. Anthropology and Theory of Institutions in Art and Contemporary Critical Practice, eds. Gerald Raunig and Gene Ray. London: May Fly Books, 2009, pp. 95–112.
3. Ibid.
4. Rancière, Jacques. The Politics of Aesthetics. trans. Gabriel Rockhill. London: Continuum, 2004, p. 12.
5. Harvey, David. The Political Economy of Public Space in The Politics of Public Space. Eds. Setha Low and Neil Smith, New York: Routledge, pp. 17–34.
6. Eagleton, Terry. The Function of Criticism. New York: Verso, 2005, p.10.
7. Rancière, Jacques. The Emancipated Spectator. trans. Gregory Elliot. London: Verso, 2009, p. 32–33.
8. Latour, Bruno. Why Has Critique Run out of Steam? From Matters of Fact to Matters of Concern in: Critical Inquiry vol. 30 no. 2 (Winter 2004). Chicago: University of Chicago Press, 2004, p. 225–248.
9. Ibid.
10. Deleuze, Gilles. "Bartleby; or, The Formula" in Essays Critical and Clinical. trans. by Daniel W. Smith and Michael A. Greco. New York: Verso, 1997, p. 68–90.
11. Rancière, Jacques. trans. Charlotte Mandell. The Flesh of Words: The Politics of Writing. Stanford: Stanford University Press, 2004, p. 146–7.
12. Nietzsche, Friedrich. The Will to Power, ed. Walter Kaufmann, trans. R.J. Hollingdale and Walter Kaufmann. New York: Random House, 1967, § 327.
13. Bishop, Claire. The Social Turn: Collaboration and its Discontents in Artforum, February 2006, pp. 178–183.
14. Rajchman, John. Ethics After Foucault in: Social Text No. 13/14 (Winter-Spring, 1986), Durham: Duke University Press, 1986, pps. 165-183.
15. Virno, Paolo. Interview with Paolo Virno, interview by Branden W. Joseph, translated responses by Alessia Ricciardi in Grey Room No. 21 (Fall 2005), Cambridge: MIT Press, 2005, pp. 26–37.
16. Lorey, Isabell. Governmentality and Self-Precarization in Art and Contemporary Critical Practice, eds. Gerald Raunig and Gene Ray, pp. 187–202.
17. Critchley, Simon. Infinitely Demanding: Ethics of Commitment, Politics of Resistance. New York: Verso, 2007.
18. Honig, Bonnie. Political Theory and the Displacement of Politics. Ithaca: Cornell University Press, 1993, p. 3.

TALKS OF THE TOWN

ANGELICA GOYENECHEA JARAMILLO IN SAMENWERKING MET FOUNDLAND
VIDEO INTERVIEW, 15 SEPTEMBER 2011

Waarom heb je voor deze boodschap gekozen voor op de poster?
Angelica: Sinds ik hier ben komen wonen, is de manier waarop mensen uit het buitenland worden benaderd heel hard geworden. In '97 durfde niemand iets tegen te zeggen omdat dat meteen als racistisch werd bestempeld, nu is het andersom: als je iets niet goed vindt, mag je terug naar je eigen land... we moeten een middenweg vinden.

'Mijn' vormgevers [Foundland] willen van mij weten wat ik daarvan vind, mijn diepste gevoelens daarover, vanuit mijn onderbuik. Maar wat er van die onderbuikgevoelens op papier moet komen...? Ik ben er echt klaar mee, met de PVV, dat de buitenlanders de zwarte pieten zijn van alles dat slecht is in dit land. Want eerlijk gezegd zitten wij meer in deze puinhoop dan mensen in de directie van een bank. Dat zijn de grote criminelen en niet een mevrouw die een hoofddoek draagt of een paar jongeren, die wegens discriminatie niet aan de bak komen omdat zij Achmed of Mohamed als voor- of achternaam hebben. Toen ik hier kwam wonen maakte het niet uit waar je vandaan kwam, werd je niet gediscrimineerd door de portier van een café. Maar anno 2011, gebeurt dat wel. Mensen worden geweigerd om een bar binnen te komen omdat ze een andere huidskleur hebben. Net bijvoorbeeld zei een collega 'Ik heb geen hekel aan buitenlanders maar...' En ik zat op de tafel!! '...maar die van de donkere huidskleur.' En dan denk je: 'Wat doe ik hier?' Ik was verbijsterd. Ze zei 'Het is niet tegen jou, het is tegen die met de donkere huidskleur.' Als ik zou reageren zoals ik op straat zou doen, dan zou ik zeggen 'Waar ben je mee bezig?!' Maar je bent op je werk, dus ik heb niks gezegd, het heeft toch geen zin. Hoe, hoe kun je: denk eerst na! Houd een spiegel voor je gezicht in godsnaam alsjeblieft, één keer! Duhh! Dat begrijp ik echt helemaal niet.

Heb je bij het maken van de poster gerealiseerd dat die wordt getoond aan heel Eindhoven? schept dat ruimte? Of ga je ineens opletten wat je erop zet?
Angelica: Nee, het is eerlijk gezegd een van de weinige echte kansen die ik krijg om tegen iemand anders echt te zeggen wat ik wil. Wat de rest verder denkt, maakt niet uit. Het is ook goed dat iemand het ziet en zegt: 'Stop met deze onzin.' Als de posters er aan bijdragen dat mensen na gaan denken, dan is dat mooi. Ik ga niet de wereld veranderen met een poster. Of misschien wel, of misschien een persoon of twee.

Scherpt de ervaring van dit project je mening over wat vormgeving kan doen of over hoe communicatie in de openbare ruimte kleur geeft aan onze cultuur?
Angelica: Ik ben nooit in contact geweest met autonome vormgeving. Ik ben meer van de toegepaste kant. Toen de uitnodiging kwam om aan dit project deel te nemen was het van: 'eindelijk, eindelijk iets anders dan wat ik elke dag doe.' Mensen die op een compleet andere manier naar vormgeving kijken. Op mijn werk denk ik na over 'deze prijs moet heel groot in beeld' om dingen te verkopen aan mensen, maar dat is niet alles wat vormgeving kan bieden aan de maatschappij. Vormgevers kunnen ook bijdragen aan een betere maatschappij of mensen ertoe te zetten om mee te denken of vragen te stellen.

Vind je dat er een plek moet zijn in de openbare ruimte voor jouw mening en voor de mening van de burger?
Angelica: Ja, natuurlijk. Weet je waar ik aan moet denken? In Londen waar mensen op een krukje gaan staan om de regering uitschelden. Zo'n plek moet er komen. Waar mensen met een megafoon kunnen staan te roepen: 'Ik heb een hekel aan mijn moeder!' of... de belastingdienst, of 'Mijn man zit mij te pesten', of, 'Waarom zitten er mensen als Barroso in de Europese regering?' Dat zou goed zijn. Misschien niet voor alle dagen, misschien een keer per maand of met nieuwjaar.

FOUNDLAND IN SAMENWERKING MET ANGELICA GOYENECHEA JARAMILLO
VIDEO INTERVIEW, 15 SEPTEMBER 2011

Hoe was de samenwerking met 'jullie' inwoner van Eindhoven, Angelica?

Ghalia: Als je iemand voor het eerst ontmoet ontdek je wat iemand vindt en doet, wat haar opvattingen over de samenleving zijn, waar zij woont en hoe haar omgeving er uit ziet.

Als vormgever moet je achterhalen wat die persoon precies bedoelt.

Lauren: Angelica komt uit Mexico en woont hier sinds 1997. Het was een bijzondere ervaring voor haar om in Nederland te komen wonen als buitenstaander en haar leven op te bouwen in een nieuw land. Daarom begrijpen wij haar behoorlijk goed, omdat we een vergelijkbare achtergrond hebben.

Waar werken jullie naartoe met de poster?

Ghalia: De relatie tussen autochtoon en allochtoon is een belangrijk thema voor Angelica: het stereotype wat Nederlanders vinden van buitenlanders en andersom. Hoe dat haar relatie met andere Nederlanders beïnvloedt in haar werk of met buren. En ook met werkmogelijkheden: buitenlanders hebben moeite om werk te vinden in Nederland. Natuurlijk is de vraag of dat niet iets globaals is en niet alleen met Nederlanders te maken heeft?

Lauren: Angelica heeft veel te zeggen over allerlei verschillende onderwerpen, vooral over de Nederlandse politiek. We willen haar bruisende persoonlijkheid naar de poster vertalen, haar als een expert in Eindhoven te gebruiken, wat te begrijpen is voor een breed publiek. Ook al is ze een allochtoon, ze beschouwt zichzelf als 'een echte Brabander'.

Ghalia: We vonden het heel belangrijk dat we Angelica's mening meenemen in ons werk en ontwerp. Zij zelf werkt als DTP'er, voor commerciële klanten. De organisatie waar zij werkt, wat was de afkorting?

- Sligro

- Daar hebben we naar gekeken. Zij hebben een bepaalde manier van esthetiek om te communiceren met een grote groep mensen, dat is heel anders als je het vergelijkt met een soort NGO, dus de beeldtaal, waar Angelica vandaan komt, vinden we belangrijk om mee te nemen in ons werk.

Wat denk je over communicatie in de publieke ruimte?

Lauren: We hebben een publieke ruimte overvol met reclames. Mensen hebben een gelimiteerde blik van wat ze zijn in de publieke ruimte, dus het is een uitdaging om in de publieke ruimte iets aan te brengen dat geen commerciële boodschap is, maar iets wat je bezig houdt, dat visueel speelt met die elementen die normaal gebruikt worden voor reclame.

Ghalia: Wij moeten ons moeten beseffen dat het publiek bereiken moeilijker is geworden omdat er zijn zo veel beelden op straat zijn, commercieel en cultureel. Foundland werkt vooral voor culturele instellingen. Het zou fijn zijn als er culturele projecten bestaan waar ook budgetten aan vast zitten, zodat we aan die projecten ook geld kunnen verdienen... Ik denk wel dat het een interessante vraag is die iedereen in de culturele sector bezig houdt. Uiteindelijk ben je ook een gewoon mens dat facturen moet schrijven en dingen betalen. Dus waar is de balans? Door al die bezuinigingen op cultuur, moeten de kunst, design en creativiteit focussen op geld verdienen en dat vind ik jammer.

Vind je dat er een plek moet zijn in de openbare ruimte voor jouw mening en voor de mening van de burger?

Foundland: Ja, natuurlijk moet er plek voor zijn! Dat is ook een van de belangrijke functies van openbare ruimte, maar ik vind dat het te weinig gebeurt, alles wordt gevuld met commerciële boodschappen met het doel om dingen te verkopen.

De functie van de poster is veranderd. Het is een onderdeel geworden van verschillende media die worden gehanteerd. De poster is misschien de eerste link naar een website, een filmpje of een tv commercial. Daarom zie je dat de boodschap op commerciële posters waarin je in 1 of 2 seconden moet kunt weten waar het over gaat soms veel te plat is.

JOS POORTMAN IN SAMENWERKING MET COX & GRUSENMEYER
VIDEO INTERVIEW 15 SEPTEMBER 2011

Wat heb je ingebracht om te verwerken tot een poster?

Jos: Ik ben Christelijk opgevoed, dus ik ben met het bestaan van een God groot gebracht. Ik heb het gevoel dat ook mensen die niet christen zijn, een kracht buiten zichzelf kunnen vinden. Ik denk dat mensen daar naar op zoek zijn: dat de maatschappij wordt steeds individueler en mensen raken steeds meer op zichzelf aangewezen. Voor mij bestaat er een God die bestaat en van mensen houdt, maar voor anderen zou dat ook een andere mens of de mede mensheid kunnen zijn. Dat wil ik — gekoppeld met de designers — uitdragen.

Heb je bij het maken van de poster gerealiseerd dat die poster ook getoond gaat worden aan heel Eindhoven? Schept dat ruimte of moet je jezelf juist inkaderen?

Jos: Ja, ik ben me heel bewust van het feit dat veel mensen mijn mening gaan zien. We hebben het daar ook over gehad, ik wil niet provocerend naar buiten komen en mensen beleren door te zeggen 'de manier waarop ik denk is DE manier en ik draag jullie allemaal op te gaan denken zoals ik doe'. Eindhoven is nu het platform, maar het had ook de hele wereld mogen zijn, want mijn mening is om andere mensen te helpen. Niet beleren, echt een poging om mensen het geluk te laten vinden, de manier die ze kiezen moeten ze natuurlijk zelf weten… Als ik straks op straat loop en de poster zie met mijn boodschap en eigen mening, dan hoop ik dat ik een bepaalde trots kan voelen en kan zeggen 'ja, dat is wat ik met de samenleving wil delen', echt om te helpen. In eerste instantie vond ik het wel spannend omdat het iets persoonlijks is dat je deelt, zo tentoon gespreid voor iedereen.

Hoe is het om een vormgever aan de gang te zien om een poster te maken met jouw hartenkreet?

Jos: Dat is vreemd, omdat je nooit precies kan laten zien wat in je hoofd zit. Waar een vormgever mee komt is altijd anders, aan de ene kant werkt dat frustrerend: 'is dit goed genoeg en is dit wel precies de vertaling van wat ik wil zeggen', maar het is ook heel verruimend wat betreft de visie die je hebt op je eigen mening: je krijgt echt een beeld hoe zij naar jou kijken, hoe jouw boodschap naar de buitenwereld wordt uitgestraald. Dat verschil is heel erg geestverruimend en leerzaam. Je gaat ook weer met je eigen visie aan de slag, je evalueert je eigen mening, het is heel interessant om te zien hoe iemand anders vormgeeft wat er in jouw hoofd zit.

Scherpt je mening over vormgeving of wat vormgeving kan doen als communicatie in de openbare ruimte?

Jos: Wij zitten nog midden in het proces, de posters zijn nog niet getoond. Op het moment dat het buiten staat zullen we de reacties kunnen zien. Het kan natuurlijk dat een boodschap de maatschappij zo raakt dat het zichtbare gevolgen heeft… Ik weet wel dat vormgeving impact heeft op hoe mensen ergens over na denken, bijvoorbeeld door hoe nieuws gebracht wordt of de manier waarop mensen en bedrijven zichzelf presenteren. Ik ben ervan overtuigd dat je daarmee een positieve of negatieve invloed kan hebben op mensen. Zo heb ik tijdens mijn studie architectuur geleerd dat te provocerend en te hard een uitspraak doen, vaak mensen in de verdediging laat schieten en meer in zichzelf laat keren waardoor de interesse naar de boodschap eigenlijk alleen maar minder wordt. Ik heb het gevoel dat mensen die te hard hun best doen en te hard roepen eigenlijk averechts aan het werk zijn en minder aandacht krijgen dan de mensen die subtieler en uitnodigender een boodschap brengen, waardoor mensen geprikkeld worden om na te denken en vanuit hun eigen interesse hun weg te volgen.

Vind je dat er een plek moet zijn in de openbare ruimte voor jouw mening en voor de mening van de burger?

Jos: Ik betwijfel of dat goed zou gaan, ik zou het niet aandurven om zo'n ruimte te maken, subtiliteit is dan heel belangrijk. Wat gebeurt er als iemand provocerend zijn mening verkondigt (dat schijnt in Nederland te kunnen): we mogen natuurlijk allemaal zeggen wat we vinden. Als we dat ook allemaal doen, loopt het mis. Een plek waar je vrij moet zijn om je eigen mening te uiten, wordt dan eerder een plek waar iedereen juist niet vrij is. Ik denk dat de ene mening de ander probeert te weerleggen en dat het daarin in het extreme gaat lopen, dat zo'n plek geen goede plek gaat worden, dus ik zou dat niet aandurven, echt niet.

COX & GRUSENMEYER IN SAMENWERKING MET JOS POORTMAN
VIDEO INTERVIEW 15 SEPTEMBER 2011

Hoe was de samenwerking met de burger, waarom deze vertaling naar de poster?

Lauren: We hebben Jos enkele weken geleden leren kennen en die ontmoeting was heel aangenaam, al snel werd duidelijk dat Jos heel katholiek is. Dat was voor ons weer iets helemaal nieuws, want wij zijn dat absoluut niet. Het was direct een vlotte communicatie waarin meer en meer bleek dat we heel verschillend waren maar het voelde wel direct dat de samenwerking — of de match — geslaagd was.

Ines: Jos wil geen al te polariserende boodschap op de poster zetten, hij wil niet belerend of dogmatisch overkomen. Eerder wilde hij voorbijgangers tot een inzicht brengen. 'Weet je wat ik soms echt irritant vind?' vroeg hij ons. 'Dat mensen het altijd maar druk druk druk hebben.' Een poster langs de weg is in principe een snel en vluchtig medium, ontworpen dat je het snel opvangt. Jos' statement vecht al tegen het idee van een poster langs de weg. Het werd ons stilletjes duidelijk: 'ok, we krijgen hier een platform met een groot aantal posters midden in de stad op een heel zichtbare plaats. Hoe kunnen we dat platform gebruiken?' Wij hebben een lange tekst van Jos over de drukke mens volledig op de poster gezet: de boekvorm hijackt de poster. Van een afstand lijkt het grijze massa of ruis, maar dichterbij is het het verhaal van een burger. De tekst begint met een referentie naar Italo Calvino's roman *Als op een winternacht een reiziger*, waar Calvino in de proloog de lezer aanspreekt en de situatie van de lezer beschrijft en probeert te beïnvloeden, zoals de poster dat ook probeert.

Heeft dit project je idee over communicatie in de publieke ruimte veranderd?

Ines: Ja, natuurlijk, want het gaat over posters die nu al bestaan in het straatbeeld, dit project is daar een reactie op. Communicatie in de openbare ruimte is iets heel groots. Je communiceert met de kleur van uw auto, er zijn advertenties op de straat, er zijn logo's van winkels, kleuren van gevels, wegmarkeringen. Natuurlijk denken wij na over wat het betekent om als ontwerper een poster te maken en welke kracht daarin ligt. Welke macht heb je om op een bepaalde manier dingen te manipuleren: om dingen echt te tonen zoals ze zijn, of wat vaker voorkomt, juist niet te tonen zoals ze zijn?

Lauren: Om zo'n kanaal van een aankondiging, zo'n poster in de stad, te gebruiken voor een persoonlijke mededeling die vanuit het buikgevoel vertrekt, is een moeilijke opdracht, dat is echt wel een beetje buiten wat je gewend bent treden. Ik denk niet dat posters het ideale medium zijn om de stem van een individuele burger op uit te laten komen, want het format is bedoeld om aan te kondigen en om u direct aan te spreken en u iets te verkopen.

Scherpt dit je mening over wat vormgeving kan doen als communicatie in de openbare ruimte?

Ines: Als vormgever ben je een manipulator. Je bent een brug tussen zender en ontvanger, hoe de boodschap begrepen wordt is dan ook grotendeels de verantwoordelijkheid van de vormgever. Voor dit project vonden we het belangrijk om te bedenken hoe het medium 'poster' ons beïnvloedt en hoe we dit kunnen omdraaien of veranderen.

Vind je dat er een plek moet zijn in de openbare ruimte voor jouw mening en voor de mening van de burger?

Ines: We worden zo omringt door concrete boodschappen dat de politieke daad niet meer ligt in het verspreiden van een boodschap, maar veel meer in de manier waarop je iets zegt, of de manier waarop je in die openbare ruimte beweegt of leeft. Door die te hijacken zelfs. Het lijkt me goed om de methode in vraag te stellen. De manier waarop het gebeurt moet dan eigenlijk totaal anders ontworpen worden. Ik snap zeker dat de individuele burger zijn hart wil luchten, maar hebben mensen wel een boodschap aan de mening van de gewone burger? Is dit niet gewoon iets heel populistisch? Hebben we geen behoefte aan iets groters? Aan iets fundamentelers?

JANE HARDJONO IN SAMENWERKING MET DRAWSWORDS
VIDEO INTERVIEW 15 SEPTEMBER 2011

Waarom heb je gekozen voor wat op de poster staat?
Jane: Het thema van onze poster is stilte, voor mij is dat heel belangrijk. Sinds ik in Nederland woon, heb ik wat stilte verloren. In Australië heb je heel veel ruimte en heel veel mogelijkheden om stilte te vinden. Ik wil stilte verspreiden: hoe kan je stilte terugvinden in Eindhoven of in Nederland?

Heb je bij het maken van de poster gerealiseerd dat het getoond wordt aan heel Eindhoven? schept dat ruimte of belemmert je dat?
Jane: Met dit thema en mijn naam op de poster, zonder — of met heel weinig — tekst, heb ik geen probleem. Het is een belangrijke boodschap, ik denk dat niemand geen behoefte heeft aan stilte, volgens mij is het een universele behoefte.

Hoe is het om een vormgever aan de gang te zien om een poster te maken met jouw hartenkreet?
Jane: Het was interessant om met een ontwerper te werken, het stilte ontwerp. We moesten over stilte praten en dat is een paradox, vind ik. Ik had ook veel teksten en dat is ook een vorm van geen stilte. Stilte spreekt ons allebei heel erg aan, omdat we allebei heel veel te zeggen hebben. Ik vond het ook interessant dat zijn (Rob van den Nieuwenhuizen) eerste reactie was een poster te maken over hoe stilte eruit ziet en voor hem was dat een donker gat, ruimte of plek. En voor mij is stilte altijd wit, licht en met heel veel ruimte. Omdat we over stilte communiceren, wilden we geen woorden gebruiken voor de posters, dus het beeld moet heel krachtig zijn. Als we erin slagen een goede poster te maken, dan drukt dat mijn mening uit over stilte...

Ben je je meer bewust bent van de communicatie in de openbare ruimte en wat het doet met de mensen?
Jane: Ik was verbaasd over hoe Rob heeft gekozen voor welke richting we uit zouden gaan voor onze poster. Het gaat over het Australische landschap. Sinds ik in Europa woon, heb ik een sterkere relatie met Australië en het Australische landschap. Ik merk dat als ik terug reis, ik me lichter en opener voel en ik meer stilte in mijn lichaam en hoofd heb dan in Eindhoven. Dat stuk van de ervaring met Rob is heel indrukwekkend. Ik vind het een heel interessant proces om meer over mezelf te leren.

Vind je dat er een plek moet zijn in de openbare ruimte voor jouw mening en voor de mening van de burger?
Jane: Ik vind niet dat mijn mening belangrijker is dan de mening van anderen. Mijn mening is heel vredig, ik wil geen controversiële boodschap overbrengen. Voor mij is mijn stilteboodschap heel belangrijk, maar als andere mensen hun mening ook willen geven, is dat goed. Als er een permanente mogelijkheid is voor mensen om hun mening te geven, is dat ook prima. Het moet voor iedereen zijn, niet alleen voor je eigen agenda.

DRAWSWORDS IN SAMENWERKING MET JANE HARDJONO
VIDEO INTERVIEW 15 SEPTEMBER 2011

Hoe was de samenwerking met Jane was en waarom deze vertaling naar de poster?

Rob: Jane is een kind van Indonesische ouders, opgegroeid in Australië en verhuisd naar Nederland. Onze gesprekken gingen direct over Australië en haar blik op Nederland. Ik vond dat het niet interessant of zelfs een cliché zou zijn om iets te doen met dat zij een soort van *expat* is, omdat het zo voor de hand ligt. Ze doet een project met andere mensen waarin zij op zoek gaan naar de dagelijkse stilte. Ik had het gevoel dat dat een veel interessanter project is, omdat het een goede tegenhanger zou zijn voor al het schreeuwerige van alle corporaties, politieke partijen en instellingen die je op straat ziet. We wilden kijken of we op een manier het begrip stilte konden terugbrengen in een straatbeeld. Het werd snel vormgericht of weer een cliché: lege posters, wit vlak, zwart vlak, met het woord 'stilte' op het beeld, grote typografie, kleine typografie. Daar voelde ik me niet comfortabel bij. Jane heeft geschreven over Australië en het verschil tussen daar en hier en de dingen die ze mist. Ze had het heel vaak over het Australische landschap en over de kleuren in dat landschap. Dat het zand, de lucht en het gras een andere kleur heeft. Dat het landschap überhaupt heel anders is. De vormen en kleuren zullen gebaseerd zijn op foto's van haar reizen. Maar dan wel op zo'n abstracte manier dat je nooit zullen zeggen, 'dat is een berg' of 'dat is een stuk gras'.

Scherpt dit je mening over wat vormgeving kan doen of over hoe de communicatie in de openbare ruimte kleur geeft aan onze cultuur?

Rob: Ik denk dat je daar sowieso naar kijkt als ontwerper. Ik heb ook wel bedenkingen bij dit project. Ik vind de koppeling tussen de verschillende ontwerpgroepen en burgers heel interessant, maar ook wel stereotiep. Je hebt een religieus iemand en een expat. Waarom heeft Onomatopee de buren niet gewoon gebeld? Ik snap dat het project ook een politiek of persoonlijk statement wil maken, maar de redenen voor sommige keuzes zijn mij niet duidelijk. Daarom vind ik het ook wel weer interessant want wie je ook kiest aan ontwerper en burger, als je die bij elkaar zet, krijg je toch een onverwachte samenwerking. Misschien klikt het wel helemaal niet of wil iemand zijn auto verkopen met de poster of een vriend of vriendin ten huwelijk vragen. Je moet in discussie met elkaar. Ik vind het fijn dat Jane niet de behoefte heeft een politiek statement te maken. Ik heb dat ook niet.

Ik denk dat we ons bewust zijn van wat we zien op straat, van de posters en wat daar op staat. Daar kijk je nu wel extra naar. We hebben juist het gevoel een stap terug te zetten, want is de mening van een burger wel interessanter dan die van een bedrijf? Ik denk van niet. Ik denk dat ze allemaal niet en tegelijk wél interessant zijn. Die ruimte is afgekocht door bedrijven en niet door burgers. Ik denk wel dat het een scherpte vereist, maar niet een scherpte oproept.

Hoe zie je de communicatie in de publieke ruimte in het algemeen?

Rob: Ik ben me ervan bewust dat mijn blik anders is dan die van de gemiddelde burger omdat ik vakmatig kijk. Als een poster 'lelijk' is, merk ik dat ik er minder voor open sta, los van wat er op die poster staat. Erg om dat te moeten erkennen…

Ik heb een mening over hoe het eruit ziet, andere mensen hebben misschien geen mening of zijn zich er nooit van bewust geweest. De communicatie in de publieke ruimte is vervuild geraakt. Er zijn zoveel posterplekken, advertentieplaatsen, verkeersborden en gevels van winkels; heel veel van alles. Het onderscheid is moeilijk te maken. Er is geprobeerd specifieke plekken aan te wijzen om posters te plakken etc. die a. opvallen en b. niet zó erg opvallen dat ze het straatbeeld verstoren; an sich ook al een paradox. Soms wordt er te onverantwoordelijk omgegaan met wat je ziet en de zorg die eraan besteedt is. Op zich kan het me niets schelen wat ik zie; als ik het zie, vorm ik mijn mening wel. Maar vakmatig gezien kan het me wel degelijk schelen want het mag allemaal wel wat doordachter, principiëler, gelaagder en scherper.

Vind je dat er een plek moet zijn in de openbare ruimte voor jouw mening en voor de mening van de burger?

Rob: Dat is echt een eigen verantwoordelijkheid. Ik vind niet dat je als overheid een krijtbord neer hoeft te hangen waar mensen hun mening op kunnen zetten. Nog los van het feit dat je een editing-laag mist, wordt het ook heel snel misbruikt denk ik.

Ik begrijp dat een reguliere/commerciële posterplek niet te betalen is voor de gemiddelde burger, maar dat is misschien ook niet de meest interessante plek voor zijn of haar mening. Graffiti op een gebouw of plakposters zoals je dat vroeger vaker zag, zijn ook een perfecte manier om je mening te verkondigen. En er zijn meer dingen die door de reclamewereld niet gebruikt kunnen worden omdat ze illegaal zijn, die je als burger wel kunt gebruiken. Mensen hebben die ruimte al lang, maar leven te veel in een kader waarin ze die ruimte niet *voelen*. En misschien dat het daar meer aan schort. Dat het niet gefaciliteerd moet worden, maar dat het onder de aandacht gebracht moet worden. En of dat nou mag of niet, dat vind ik niet zo interessant.

**ONOMATOPEE
RESEARCH PROJECT 71**

THE VOICE OF...
PUBLIC OPINION-FORMING AS CITIZENSHIP?
THE WORD IS THE INDIVIDUAL'S!

Curator / editor
Freek Lomme

Project management
Freek Lomme
Ellen Zoete

Assistant
Maartje van der Schoot

Texts
Angelika Burtscher
Freee
Freek Lomme
Patricia Reed

Translations
Jimini Higett
Sally Clarke
Sandrijn van den Oever

Exhibition photography
Fieke van Berkom

Video interviews and editing
Ron Eijkman

Graphic design
Drawswords
(Rob van den Nieuwenhuizen)

Typefaces
Grotesque MT
Impact
Times Ten

Paper
Magno Star 350 g/m²
Maxi Gloss 150 and 115 g/m²

Printing
robstolk®, Amsterdam

Binding
Boekbinderij Meeuwis, Amsterdam

Edition
1500

This project is possible thanks
to the generous support of
Gemeente Eindhoven
Mondriaan Stichting
BKKC/province of Noord-Brabant
SNSreaal fonds

 gemeente Eindhoven

 bkkcbra
ıbants kennisc
entrum kunst
en cultuur

SNS REAAL Fonds

Copyrights
All Candy Chang images were used with the permission of Civic Center, New Orleans / www.civiccenter.cc
Cedric Geney photo on page 32 courtesy of Galerie Octave Cowbell, Metz.
Cedric Geney photos on pages 30 and 31 courtesy of Centre d'Art Syndicat Potentiel, Strasbourg.
All photography on pages 100 and 101: © Ivo Corrà, except Walking Chair photos © Osservatorio Urbano/Lungomare, photography by Seven for Seven.

All rights reserved. No part of this publication may be reproduced, stored in a retrieval system, or transmitted in any form or by any means, electronic, mechanical, photocopying, recording or otherwise, without the prior written permission from the authors and the publisher.

ISBN: 978-90-78454-71-7

© 2011, Onomatopee

Onomatopee
Bleekstraat 23
NL 5611 VB Eindhoven
The Netherlands
www.onomatopee.net
info@onomatopee.net